U0033688

.

國民政府
政治工作總報告書

1930 年
中冊

Nationalist Government Policy Reports, 1930

Section II

目錄

1930 年中冊

1930 年下冊

立法院報告書

　　本院為國民政府最高立法機關，即本院主要工作
厥唯立法。依照國民政府組織法第二十五條第二項之規
定，有議決法律案、預算案、宣戰媾和案及其他重要國
際事項之職權，又依本院組織法第十六條、監察院組織
法第十一條及治權行使規律案，有質詢與質問之職權，
依據法律所規定行使上列職權，除質詢、質問事項隨時
注意外，至關於國民政府組織法第二十五條第二項所列
舉各案之審議，其進行當中之準備事項，或調查事實編
製統計以資立法之考證，或檢討外國典籍、迻譯各國法
例以資立法之參考，或整理文書準備會議以利立法之進
行，凡茲種種皆屬於立法進行之準備事項。而對於此準
備事項之分配，即依照本院組織法第六條規定，設置祕
書處、統計處、編譯處分別掌管。此外，立法工作之進
行則依照本院組織法第一、第二、第四各條之規定，設
置法制、外交、財政、經濟、軍事五委員會從事於法案
之審查或起草，其審議之程序，所有審議各案之提出，
有由中央政治會議交議者，或國民政府交議者，又有行
政、司法、考試、監察各院送議，及本院委員會或委員
提議者，分別各案之性質或由大會議決付上列各委員會
審查，或逕依本院議事規則第十四條之規定令發審查，
其審查之案如有與他委員會相關連者，則開聯席會議審
查。此關於法案審查之工作進行情形也。更鑑別社會需
要之緩急，而定法典起草之先後，即分別指定委員而為
民法、商法、土地法、自治法、勞工法各法典之起草，

其起草程序則依政治會議第一六七次會議之議決，立法
原則由政治會議決定，立法院起草條文，故本院法典之
起草，依照政治會議所頒發之立法原則而為詳細條文
之起草。又以現行法規每多綜錯，諸待整理，即指定
委員而為現行法規之整理，計自十七年十二月五日本
院成立以來，其重要法典已次第完成而審議各案都凡
六百三十二宗，開會凡一百一十三次。除自第一次至第
七十六次會議審議各案情形前於中國國民黨第三屆中央
執行委員第三次全體會議時繕具報告書具報外，茲自本
院第七十七次會議起，將其審查或起草各案情形及立法
準備事項之統計、編譯工作，分別其過去、現在、未來
之進行情形，謹報告於左。

一、過去工作

　　本院第七十六次會議以前所有議決法律案一百七
十七宗、條約案八宗、預算案十九宗、大赦案一宗，及
關於法典之起草完成者，如民法中之第一編總則、第
二編債、第三編物權，商法中之公司法、票據法、保
險法、海商法，勞工法中之工會法、工廠法，自治法
中之縣組織法、鄉鎮自治施行法、區自治施行法，業
於前次編造報告外，計自本院第七十七次會議起至第
一百一十三次會議止，凡開會三十七次，議決法律案
七十宗、預算案七宗、條約案五宗，及不屬於上列各案
之議決案四宗。至於法典之起草，其已完成者有土地法
及自治法中之鄉鎮坊自治職員選舉及罷免法，勞工法中
之團體協約法、勞資爭議處理法。至於民法之親族、繼

承兩編，現在起草中，於本年內當可完成。其他關於統計、編譯工作，除前經報告茲不贅述外，自十九年三月一日分別報告於左。

甲、立法工作

本院所審議各案，茲就過去工作部分分為下列各案，報告如左。

子、法律案

本院第七十七次會議至第一百一十三次會議止，其所有議決之法律案計有下列各案。

（一）審議主計總監部組織法草案案

本案係中央政治會議交院擬具主計總監部具體方案呈候核奪，當於十八年九月二十一日本院第五十次會議議決主計總監部具體方案付財政委員會起草，嗣據報告推定陳委員長蘅、衛委員挺生起草主計總監部組織法草案，完成請提交大會公決前來，復於十九年二月二十二日本院第七十七次會議議決主計總監部組織案修正通過，應交政治會議決定，並於二月二十五日錄案抄同主計總監部組織案函達中央政治會議查照。

（二）審議黨員犯罪加重處刑暫行條例草案案

本案係中央政治會議交議，當於十八年十一月一日本院第五十七次會議列入報告事項，交法制委員會起草，嗣據報告審查結果根據中央政治會議議決原則擬具

黨員犯罪加重處刑暫行條例草案六條，其民國十五年九月二十二日公布之黨員背誓罪條例，在本條例公布後似應以明令廢止，請提交大會公決前來，復於十九年二月二十二日本院第七十七次會議議決修正通過，並繕具黨員犯罪加重處刑暫行法於十九年二月二十五日呈報國民政府，旋准文官處第一四二一號公函經國民政府第六十五次會議決議送中央政治會議。

（三）審議商事公斷處條例草案暨商事公斷處條例施行細則草案案

　　本案係行政院送議，當於十八年四月二十七日本院第二十一次會議議決，本案與商會法、工商同業公會條例各法案付經濟委員會會同商法起草委員會併案審查，除商會法、工商同業公會法業已起草完成，先後提會議決，呈奉國民政府公布外，至關於商事公斷處條例暨商事公斷處條例施行細則一案，據審查報告稱將商事公斷處條例修正通過，至施行細則可由工商部自行訂定，無庸經本院審議等情，復於十九年二月八日本院第七十五次會議議決再付委員焦易堂、羅鼎、林彬、史尚寬、呂志伊、王用賓、吳尚鷹會同原審查委員會審查，由焦委員召集，續據報告審查結果認為商事公斷處條例暫無制定之必要，請提交大會公決前來，又於十九年二月二十二日本院第七十七次會議議決照審查報告通過，並於二月二十五日咨復行政院查照。

（四）修正郵運航空處條例第七條第二項案

本案係國民政府文官處錄案送議，當經列入議程於十九年二月二十八日本院第七十八次會議議決，照案通過，並繕具郵運航空處條例第七條第二款修正條文，呈奉國民政府於十九年三月十八日公布。

（五）審議補充考選委員會組織法條文案

本案係國民政府交議，當於十九年二月二十二日本院第七十七次會議議決，付法制委員會審查，嗣據報告審查結果認為大致妥善，復於十九年二月二十八日本院第七十八次會議提出討論，僉以本組織法第五條既經規定於必要時聘任編纂辦理編譯事宜，則十七年十一月八日國民政府所頒布考試編譯局條例已屬駢枝，應明令廢止，當即議決：（一）修正考選委員會組織法通過，（二）考試院編譯局條例應即明令廢止，並繕具修正考選委員會組織法，呈奉國民政府於十九年三月十七日公布，又同日國民政府令考試院編譯局條例著即廢止。

（六）審議首都衛戍司令部組織法草案案

本案先准行政院將修正武漢衛戍司令部暫行條例送院審議，當於十八年七月六日本院第三十二次會議議決，付軍事委員會審查，嗣據報告審查結果以首都、平津、淞滬等處均設有衛戍或警備機關，雖各地情形不一，然法規未便參差，應另訂衛戍法以便通行，先後函索首都等處送來衛戍警備司令部暫行條例審閱，皆係依據各地特殊情形，純屬單行條例性質，本此訂立通法不

易實行，謹將衛戍法起草經過情形呈請鑒核，並擬將原案由職會會同法規整理委員會審查等情，復於十八年十月五日本院第五十二次會議議決，再付軍事委員會會同法規整理委員會審查，旋據報告審查結果認為衛戍司令部只能設於首都，由本院制定首都衛戍司令部組織法，各地於必要得設警備司令部，其組織准用首都衛戍司令部組織法，是否有當，敬候公決等情。又於十八年十一月九日本院第五十九次會議議決，付軍事委員會、整理法規委員會起草首都衛戍司令部組織法，續據報告起草完成，請提交大會公決前來，又於十九年二月十五日本院第七十六次會議議決，修正通過，繕具首都衛戍司令部組織法，呈奉國民政府第六十五次會國務會議，決議送回立法院，將組織法改為組織條例，由文官處函院查照，又於十九年三月八日本院第七十九次會議議決通過，繕具首都衛戍司令部組織條例，呈奉國民政府於十九年三月十七日公布。

（七）審議海商法保險法施行日期案

本案係國民政府交議，由文官處函達查照，經於十九年三月八日本院第七十九次會議議決，海商法、保險法施行日期俟施行細則訂定後再行決定，並於十九年三月十一日呈復國民政府鑒核。

（八）審議修正國民革命軍陸軍審判條例案

本案係國民政府交議，當於十九年一月四日本院第六十九次會議議決付法制委員會會同軍事委員會審

查，嗣據報告審查結果認為陸海空軍刑法既經公布，關於是項審判條例似宜準照該法訂定以免紛歧，當將標題改為陸海空軍審判法草案，並將條文修正呈候大會公決前來，復於十九年二月二十二日本院第七十七次會議議決，再付原審查委員會審查，續據報告審查完畢，又於十九年三月八日本院第七十九次會議議決，照審查修正案通過，並繕具陸海空軍審判法，呈奉國民政府於十九年三月二十四日公布，

（九）審議訴願法草案案

本案係行政院送議，當於十九年一月二十五日本院第七十三次會議議決付法制委員會審查，嗣據報告審查結果請提交大會公決前來，復於十九年三月十五日本院第八十次會議議決修正通過，繕具訴願法，呈奉國民政府於十九年三月二十四日公布。

（十）審議中央防疫處組織條例草案案

本案係行政院送議，當於十八年十一月九日本院第五十九次會議議決，付法制委員會審查，嗣據報告審查結果請提交大會公決前來，復於十九年三月十五日本院第八十次會議議決修正通過，繕具中央防疫處組織條例，呈奉國民政府於十九年三月二十四日公布。

（十一）審議電氣事業法草案案

本案係行政院送議，當於十八年十一月二日本院第五十七次會議議決，付審查監督商辦公用事業法委員

會合併審查，嗣據委員焦易堂、曾傑、陳肇英、吳鐵城、吳尚鷹、孫鏡亞、劉克儁、王葆真、陳長蘅、張志韓報告審查結果，將監督商辦公用事業法草案標題改為民營公用事業監督法草案修正通過，至電氣事業係公用事業之一種，現在對於民營公用事業既擬有監督法，將來對於公營公用事業亦須有管理法，關於電氣事業似無須另訂法規等情。復於十八年十二月十四日本院第六十五次會議議決：（一）民營公用事業監督條例修正通過，（二）電氣事業法再付經濟委員會審查，並繕具民營公用事業監督條例呈奉明令公布在案。旋據經濟委員會報告審查電氣事業法，將標題修正為電氣事業條例草案等情，又於十九年二月二十八日本院第七十八次會議議決再付原審查委員會會同委員林彬、史尚寬、陳長蘅、羅鼎審查，續據報告審查結果請提交大會公決前來，又於十九年三月二十三日本院第八十一次會議議決修正通過，並繕具電氣事業條例，呈奉國民政府於十九年三月三十一日公布。

（十二）審議華僑投資國內鑛業獎勵條例案

本案係農鑛部遵照國民政府第八三號訓令將本部現行各種法規條例計三十一種送院審議並准行政院咨同前由，當依議事規則第十四條之規定發交法制委員會會同經濟委員會審查，旋由法制委員會將案移送整理法規委員會整理，嗣經整理法規委員會將關於華僑投資國內鑛業獎勵條例一案審查完畢具報前來，業於十九年三月二十二日本院第八十一次會議議決獎勵華僑投資國內

鑛業已有華僑回國興辦實業獎勵法可依據無須另訂條例，即於三月二十五日咨復行政院轉飭農鑛部知照。

（十三）審議內地外國教會租用土地房屋暫行章程案

　　本案係外交部將部頒各種法規計十三種送院審議，當依本院議事規則第十四條之規定交法制委員會會同外交委員會審查，嗣由法制委員會移送整理法規委員會辦理，旋據整理法規委員會報告審查該案內有內地外國教會租用土地房屋暫行章程結果，僉以本章程第六條所稱倘其土地係屬絕買者以永租權論，顯與本院通過之外國教會租用土地房屋應於契約內載明必要事項內第一項條文抵觸，且民法亦無永租權之規定，依法規制定標準法第四條認為不合，究應如何修正請提交大會公決前來，業於十九年三月二十二日本院第八十一次會議議決，付土地法起草委員會參考。

（十四）審議省區銓敘委員會組織條例草案案

　　本案係准中央政治會議函檢同考試法、考選委員會組織法、典試委員會組織條例、省區銓敘委員會組織條例、官吏任用資格審查暫行條例等草案五種送院審議，當經本院於第三十三次及第三十四次各會議先後議決，通過考試法、考選委員會組織法、典試委員會組織法，呈奉明令公布在案，嗣據委員焦易堂、王用賓、馬寅初、王葆真、孫鏡亞、劉克儁、呂志伊、羅鼎、劉盥訓、陳長蘅、林彬、王世杰、衛挺生、邵元冲、戴修駿報告審查省區銓敘委員組織條例草案案結果，認為應從

緩議請提交大會公決前來，業於十九年三月二十五日本
院第八十二次會議議決，照審查報告通過，並於三月
二十六日錄案呈奉國民政府鑒核。

（十五）審議工業技師登記暫行條例案

　　本案係准行政院將工商部各項法規送院審議，當
依本院議事規則第十四條之規定交法制委員會會同經濟
委員會審查，嗣由法制委員會移送整理法規委員會整
理，旋據報告將工業技師登記暫行條例審查完畢請提交
大會公決前來，業於十九年四月五日本院第八十三次會
議提出討論，僉以技師登記法業經國民政府公布，復經
行政院依照同法第十七條之規定以十八年十月十日為施
行日期並制定技師登記法施行規則，關於技師登記事項
既有所準據無庸另訂工業技師登記暫行條例，當即議決
技師登記法業經公布施行無庸另定工業技師登記暫行條
例，並於四月十二日錄案咨復行政院轉行工商部查照。

（十六）審議獎勵工業品暫行條例施行細則案

　　本案係准行政院將工商部各項法規送院審議，當
依本院議事規則第十四條之規定交法制委員會會同經濟
委員會審查，嗣由法制委員會移送整理法規委員會整
理，旋據報告將獎勵工業品暫行條例施行細則審查完畢
請提交大會公決前來，業於十九年四月五日本院第八
十三次會議提出討論，僉以工業品之獎勵已於特種工業
獎勵法有詳密之規定，獎勵工業品暫行條例自應廢止，
其施行細則當無庸議，即議決不成立，並於四月十二日

咨復行政院轉行工商部查照，旋於十九年四月二十八日
國民政府令廢止獎勵工業品暫行條例。

（十七）審議公司註冊暫行規則案

本案係准行政院將工商部各項法規送院審議，當
依本院議事規則第十四條之規定交法制委員會會同經濟
委員會審查，嗣由法制委員會移送整理法規委員會整
理，旋據報告將公司註冊暫行規則審查完畢請提交大會
公決前來，業於十九年四月五日本院第八十三次會議提
出討論，僉以公司註冊暫行規則係根據公司條例起草，
公司法規經公布，則此項暫行規則已不適用，自應根據
公司法另行起草，當即議決公司註冊暫行規則應送還行
政院轉令工商部根據公司法另擬草案再送本院審議，並
於四月十二日錄案咨復行政院轉行工商部查照辦理。

（十八）審議修正共產黨人自首法第七條案

本案係中央政治會議，當於十九年四月五日本院第
八十三次會議議決付法制委員會審查，嗣據報告審查結
果請提交大會公決前來，復於十九年四月十九日本院第
八十五次會議議決共產黨人自首法第七條修正為自首應
經所在地高級黨部允許後向法院或其他官署為之，並錄
案暨繕具修正共產黨人自首法第七條條文，呈奉國民政
府於十九年四月二十六日公布。

（十九）審議解釋兵工廠組織法第二十三條條文案

本案係行政院送議，當依本院議事規則第十四條

之規定交軍事委員會解釋，嗣據解釋呈復前來，業於十九年四月二十六日本院第八十六次會議議決兵工廠組織法第二十三條所稱委任職即陸軍之上中少尉、薦任職即中校少校、簡任職即中將及上校，應照陸軍人員俸給，不適用文官編制，並於四月二十九日錄案呈報國民政府鑒核。

（二十）　審議解釋民營公用事業法第三條條文案

　　本案係國民政府交議，由文官處函達查照，當依本院議事規則第十四條之規定交民營公用事業法原審查委員焦易堂、曾傑、陳長蘅、陳肇英、吳鐵城、吳尚鷹、王葆真、劉克儁、張志韓、孫鏡亞核明具報，嗣據復稱民營公用事業監督條例第三條所稱之市係包括普通市與特別市而言，是民營公用事業經營範圍之屬於縣市兩個區域以上者，不問其市為普通市或特別市，均應由省政府監督毫無疑義等情前來，業於十九年四月二十六日本院第八十六次會議議決照審查報告通過，並於四月二十九日錄案呈請國民政府鑒核。

（二十一）　審議修正商標條例案

　　本案係國民政府交議，由文官處函達查照，當於十八年十二月十四日本院第六十五次會議議決付商法起草委員會審查，嗣派委員魏懷參加審查，旋據報告審查結果並函請工商部派員列席陳述意見，參照成規斟酌損益修正條文，並擬定標題為商標法草案請提交大會公決前來，復於十九年四月二十六日本院第八十六次會議提

出討論，僉以國民政府於十四年九月十二日公布施行之修正商標條例，事實上既確有修改之必要，其名稱並應改為商標法，當即議決商標法修正通過，並繕具商標法，呈奉國民政府於十九年五月六日公布。

（二十二）審議解釋縣保衛團法第五條第一項第一款案

本案係行政院送議，當於十九年三月八日本院第七十九次會議議決付自治法起草委員會會同法制委員會、軍事委員會審查，嗣據報告審查結果僉以縣保衛團法第五條云但有左列情事之一者得免除之，是家無次丁而較富者即不免除亦為法律所許，至雖有次丁而全依苦力為活者，各省政府依據保衛團法第三條擬具施行細則時儘可參合本省地方情形酌定訓練時間或酌給津貼以資救濟，縣保衛團法第五條第一項第二款似無修改之必要請提交大會公決前來，復於十九年四月二十六日本院第八十六次會議議決照審查報告通過，並於四月二十九日錄案呈請國民政府鑒核。

（二十三）議訂獎勵民築道路法規案

本案係中央執行委員會函由國府文官處轉陳國民政府奉批交院，本院當將上海特別市執行委員會原呈第二項由立法院議訂獎勵民築道路法規如特許在所築道路工作上行駛長途汽車之專利一案編入議程，業於十九年五月三日本院第八十七次會議議決交自治法起草委員會參考，並於五月七日錄案函復國府文官處查照。

（二十四） 審議修正市組織法草案案

本案係由本院自治法起草委員會報告修正市組織法請提交大會公決，當於十八年十一月二十日本院第六十三次會議議決付法制委員會會同自治法起草委員會審查，嗣准中央政治會議將市組織法原則六項函送來院，經列入本院第七十六次會議報告事項並發交查照辦理，旋經法制委員會會同自治法起草委員會依照所頒原則將原草案審查完畢，復於十九年五月三日本院第八十七次會議議決修正通過，並繕具市組織法，呈奉國民政府於十九年五月二十日公布。

（二十五） 審議鑛業法草案案

本案係行政院送議，當於十九年一月四日本院第七十一次會議議決付經濟委員會會同財政委員會審查，嗣據審查報告稱經請農鑛部派員列席說明並由整理法規委員會將農鑛部特准探採煤油鑛暫行條例送會參考，僉以此項條例應俟鑛業法公布後即行廢止，茲將修正鑛業法草案呈請提交大會公決前來，復於十九年五月三日本院第八十七次會議提出討論，當以鑛業法審查修正案第七十四條、第七十八條保留，原草案第七十五條、第八十三條、第八十五條有斟酌採用之必要，關於以上各點及全文條文之次序與文字之整理一併交委員林彬、孫鏡亞、衛挺生、史尚寬、陳長蘅審查，由林委員召集，即經議決：（一）鑛業法第二讀會修正通過，（二）依議事規則第十條及第四十九條之規定於第八十八次會議開三讀會，依照上列議決再於十九年五月十日本院第

八十八次開三讀會，僉以關於各種鑛產之開採，鑛業法已有詳細規定，農鑛部特准開採煤油鑛暫行條例應即廢止，又經議決第三讀會修正通過，並繕具鑛業法，呈奉國民政府於十九年五月二十六日公布並令行政院轉飭將特准探採煤油鑛暫行條例廢止。

（二十六） 核議修正醫師暫行條例草案案

本案係國民政府令飭核議，當於十九年一月四日本院第六十九次會議議決付法制委員會審查，嗣據報告審查結果應改為西醫條例草案，復於十九年三月十五日本院第八十次會議議決再付原審查委員會審查，續據報告審查結果請提交大會公決前來，又於十九年五月十日本院第八十八次會議議決西醫條例通過，並繕具西醫條例，呈奉國民政府於十九年五月二十七日公布。

（二十七） 解釋工商同業公會法第一條意義案

本案係中央執行委員會訓練部函送解釋，當交本院商法起草委員會核議，嗣據復稱查國民政府司法院組織法第三條規定司法院院長經最高法院院長及所屬各庭庭長會議議決後行使統一解釋法令及變更判例之權，本件事屬法令之解釋，似以轉函司法院查照辦理為宜等情前來，當於十九年五月十七日本院第九十一次會議議決照審查報告通過，並於五月十九日錄案函復中央執行委員會訓練部逕函司法院解釋。

（二十八）審議宣誓令應否加入公民誓詞及修正文武
　　　　官員誓詞並有規定施行細則之必要案

　　本案係國民政府交議，當於十八年十二月二十六日
本院第五十六次會議議決付法制委員會審查，嗣據報告
稱審查結果另行擬具宣誓條例草案十一條，至施行細
則似毋庸規定，並議決本案審查報告俟市組織法議決修
正通過後再行呈報，茲查市組織法業經本院議決修正通
過，特繕具草案請提交大會公決前來，復於十九年五月
十七日本院第九十一次會議議決宣誓條例修正通過，並
錄案繕具宣誓條例，呈奉國民政府於十九年五月二十七
日公布。

（二十九）　審議工會法施行細則案

　　本案係行政院送議，當於十九年三月十五日本院
第八十次會議議決付勞工法起草委員會審查，嗣據報告
審查結果復於十九年四月五日本院第八十三次會議議決
再付勞工法起草委員會會同委員羅鼎、衛挺生、王用賓
審查，續據報告審查完畢，又於十九年五月二十四日本
院第九十二次會議議決修正通過，並錄案繕具工會法施
行法，呈奉國民政府於十九年六月六日公布。

（三十）　審議河北省政府請擬定法律限制發掘古物案

　　本案係河北省政府呈奉國民政府發由文官處函交
到院，當於十八年一月十九日本院第七次會議列入報告
事項發交法制委員會審查，嗣據報告審查結果僉以古物
於文化有莫大之關係，而外人任意掘取古物尤屬妨礙領

土主權，自應嚴定法律予以限制，根據上述理由，認此案應予成立，至發掘古物法律應如何制定敬候公決等情，復於十八年四月二十七日本院第二十一次會議議決付法制委員會起草，旋據起草完畢繕具古物保存法草案請提交大會公決前來，又於十九年五月二十四日本院第九十二次會議議決古物保存法通過，呈奉國民政府於十九年六月二日公布。

（三十一） 解釋工會法疑義案

　　本案係行政院咨請解釋，當於十九年三月二十五日本院第八十二次會議議決付勞工法起草委員會審查，嗣據報告審查完畢，復於十九年五月二十四日本院第九十二次會議議決照審查報告修正通過，並於五月二十九日錄案抄同關於工會法各疑點解釋文咨復行政院查照。（工會法各疑點解釋文詳載立法專刊第三輯第一八五頁）

（三十二） 審核工商部呈復規定工會法第一條第二項
　　　　　　職業工會產業工會類別之辦法並原呈所擬
　　　　　　各節案

　　本案係工商部呈經行政院轉呈國民政府發由文官處交立法院核定，當經本院發交勞工法起草委員會核明具報，嗣據報告略稱查工會法第一條第二項產業工會與職業工會種類之區別於工會施行法第二條已有規定，應即依照解釋，至工商部原呈擬復各節尚屬允當，應由該部試辦等情具復前來，業於十九年五月三十一日本院第

九十三次會議議決照審查報告通過，並於六月二日錄案呈復國民政府鑒核轉飭知照。

（三十三） 修正農礦部組織法案

本案係中央政治會議第二百十九次會議決議，關於林礦事項除特定者外，概歸農礦部辦理，其組織法準此原則修正送國民政府查照辦理，由國府文官處函達來院，當於十九年三月二十五日本院第八十二次會議議決付法制委員會審查，嗣據報告審查結果，復於十九年五月十日本院第八十八次會議議決再付原審查委員會會同委員衛挺生、陳長蘅審查，續據報告審查完畢請提交大會公決前來，又於十九年五月三十一日本院第九十三次會議議決修正通過，並錄案繕具修正農礦部組織法，呈奉國民政府於十九年六月九日公布。

（三十四） 審議修正行政院組織法案

本案先准中央政治會議將修正行政院組織法第一條案送院核議，當於十九年三月二十一日本院第八十一次會議議決付法制委員會審查，旋准中央政治會議第二二五次會議准照行政院所請修正該院組織法第五條第三款、第七條第三款交立法院查照辦理，復於十九年五月三日本院第八十七次會議議決付法制委員會照案修正，嗣據報告審查結果將第一、第五、第七、第八各條修正請提交大會公決前來，又於十九年五月三十一日本院第九十三次會議議決照審查報告通過，並錄案繕具修正行政院組織法第一條、第五條、第七條、第八條條文，呈

奉國民政府於十九年六月十日公布。

（三十五） 審議土地法草案案

　　本案先准中央政治會議第一百七十一次會議議決通過土地法原則送院查照，當於十八年一月二十二日本院第八次會議列入報告事項，並於十八年一月二十九日本院第十次會議議決土地法由委員吳尚鷹、王用賓、鄧召蔭、陳肇英、黃昌穀起草，並由吳委員尚鷹召集會議，嗣由土地法起草委員會遵照本黨主義暨總理平均地權之精意及準據中央政治會議土地法原則草成土地法草案凡五編合四百零五條請提交大會公決前來，經本院迭次開會討論旋於十九年六月十四日本院第九十五次會議議決土地法三讀會修正通過，並錄案繕具土地法，呈奉國民政府於十九年六月三十日公布。

（三十六）核議中央研究院職員對於奉頒宣誓條例究應如何辦理案

　　本案係國民政府交院核復，當於十九年六月十七日本院第九十六次會議議決中央研究院職員應適用文官宣誓之規定舉行宣誓，並於六月十九日錄案呈請國民政府鑒核令行知照。

（三十七） 審議江西省關於保安懲治縣長暫行條例案

　　本案係行政院送議，當於十九年六月十七日本院第九十六次會議議決付委員焦易堂、王用賓、衛挺生、孫鏡亞、羅鼎依據本院第九十一次會議討論事項第二案

議決起草關於縣長法規時備參考。

（三十八） 審議海軍服裝規則及圖說案

　　本案係國民政府交議，當於十九年五月二十四日本院第九十二次會議議決付軍事委員會審查，嗣據報告審查結果，復於十九年六月十七日本院第九十六次會議議決：（一）海軍服裝條例修正通過，（二）海軍服裝圖式通過，（三）海軍制服圖說，照審查報告通過，並錄案繕具海軍服裝條例暨繳回海軍服制圖說一份，於六月十九日呈復國民政府鑒核。

（三十九） 審議運輸禁運品處罰條例案

　　本案係行政院送議，當於十八年八月三十一日本院第四十四次會議議決付財政委員會審查，嗣據審查報告稱職會函據關務署抄送海關對於運輸各項禁運品之處罰章程及向來辦法，開單函復經交陳委員長藩、衛委員挺生初步審查，並由關務署派曹科長到會說明一切，僉謂該條例第一條所列禁運品八種已分別規定於現行各種法令之內，似無專訂條例之必要，討論結果該草案應於起草關稅法時作為參考請提交大會公決前來，復於十九年六月十七日本院第九十六次會議議決照審查報告通過，並於六月十九日錄案咨復行政院查照，暨本院祕書處函告關稅法起草委員查照。

（四十） 審議船戶閭鄰編制案

　　本案係行政院咨送核覆，當經令飭本院自治法起

草委員會核議，嗣據復稱船戶在陸上有住所或居所者應依陸上住所或居所編制閭鄰，在陸上無住所或居所者以船之常泊地視為居所編制閭鄰，請提交大會公決前來，經於十九年六月十七日本院第九十六次會議議決照審查報告通過，並於六月二十日錄案咨復行政院查照。

（四十一）審議航海避碰章程案

本案係行政院送議，當於十九年三月八日本院第七十九次會議議決付軍事委員會會同商法起草委員會審查，由委員朱和中召集，嗣准行政院將船舶登記法草案、船舶法草案咨送審議，復於十九年四月五日本院第八十三次會議議決以上兩案付法制委員會會同軍事委員會、商法起草委員會與本院第七十九次會議討論事項第四案（即審議航海避碰章程案）合併審查，所有關於航海避碰章程案據法制委員會、商法起草委員會、軍事委員會報告審查結果請提交大會公決前來，又於十九年六月十七日本院第九十六次會議議決本案俟起草內江航行章程時付參考，並於六月二十四日錄案咨復行政院查照。

（四十二）審議修正縣組織法及區自治施行法暨鄉鎮自治施行法各草案案

本案係據本院自治法起草委員擬請修正縣組織法第六條、第七條、第四十條、第四十三條，區自治施行法第十七條、第十九條、第二十條、第二十六條、第三十八條、第六十四條、第六十五條，鄉鎮自治施行

法第十四條、第十五條、第二十一條、第六十二條各條
文繕具修正案呈送前來，當將上列各案列入本院議事
日程，於十九年六月十七日本院第九十六次會議提付討
論，復據起草委員陳述修正理由，即經議決修正縣組織
法第六條、第七條、第四十條、第四十三條條文通過，
修正區自治施行法第十七條、第十九條、第二十條、第
二十六條、第三十八條、第六十四條、第六十五條條文
修正通過，修正鄉鎮自治施行法第十四條、第十五條、
第二十一條、第六十二條條文修正通過，並錄案繕具上
列修正各條文一份，呈奉國府於七月七日公布。

（四十三）　審議票據法施行法草案案

　　本案係行政院送議，當於十九年三月二十五日本院
第八十二次會議議決付商法起草委員會審查，嗣據報告
審查結果請提交大會公決前來，復於十九年六月二十一
日本院第九十七次會議議決票據法施行法修正通過，並
錄案繕具票據法施行法，呈奉國民政府於十九年七月一
日公布。

（四十四）審議軍政部祕書等職宣誓應用文官誓詞抑用
　　　　　軍官誓詞案

　　本案係國民政府交院核復，當於十九年六月二十
八日本院第九十八次會議議決應用軍官誓詞舉行宣誓並
於六月二十八日錄案呈請國民政府鑒核令行知照。

（四十五）　國民政府關於行政院呈復奉交上海特別市
　　　　　　政府呈請於新舊勞資爭議處理法歧異之點
　　　　　　未解決前明定權宜辦法並擬具施行細則經
　　　　　　飭工商部核議具復各節批交立法院核議案

　　本案係國民政府交議由文官處函送到院，當於十九
年五月三十一日本院第九十三次會議議決付勞工法起草
委員會審查，嗣據報告審查結果以工商部議復各節尚屬
妥善，可即如擬辦理請提交大會公決前來，復於十九年
六月二十八日本院第九十八次會議議決照審查報告通過
並於六月二十八日錄案呈請國民政府鑒核令行知照。

（四十六）　審議第三屆中央執行委員會第三次全體會
　　　　　　議各項建設案內上海特別市政府請中央通
　　　　　　令各地頒布勞工儲蓄勞工保險各項法規案

　　本案係奉國民政府准中央政治會議檢送三中全會
決議照政治、經濟兩組審查意見通過應交政府辦理及參
考之建議書關於立法範圍各件交本院遵辦，當經列入本
院第八十四次會議議程報告事項並分別性質開列清單，
分令本院各委員查照辦理，其中關於上海特別市政府建
議請中央通令各地舉辦勞工儲蓄、勞工保險並制定有關
之各項法規一節交由勞工法起草委員會核議，嗣准行政
院咨請從速制定勞工保險、勞工儲蓄等法規案，業於
十九年六月十七日本院第九十六次會議議決付勞工法起
草委員會，嗣據報告稱勞動保險法前經推定馬委員超俊
起草，現已起草完竣，俟審查完畢即當呈請公決，至勞
工儲蓄應否另訂單行法規，經職會討論結果，僉以勞動

保險法及合作社法中皆可為勞工訂定儲蓄專條，且郵政儲金及銀行儲蓄法亦得為勞工謀儲蓄之計，似可不必另訂此項單行法規請提交大會公決前來，復於十九年六月二十八日本院第九十八次會議議決照審查報告通過，並於六月三十日錄案呈復國民政府鑒核。

（四十七） 核議修正立法院組織法第十一條第四款案

本案係國民政府准中央政治會議通過修正立法院組織法第十一條第四項為科員十人至二十人薦任或委任交院遵辦，當於十九年六月十七日本院第九十六次會議議決付法制委員會照案修正，嗣據報告稱本院組織法第十一條並無第四項，想係該條第三款之誤，當將該款修正為科員十人至二十人委任或薦任請提交大會公決前來，復於十九年六月二十八日本院第九十八次會議議決照審查報告通過，並繕具修正立法院組織法第十一條條文，呈奉國民政府於十九年七月七日公布。

（四十八） 審議鄉鎮坊自治職員選舉及罷免法草案案

本案先准行政院咨請提前制定區鄉鎮公民行使四權之程序法規，當於十九年五月三日本院第八十七次會議議決付自治法起草委員會起草，查縣組織法、區自治施行法、鄉鎮自治施行法均經先後議決，續又均有修正，並奉國民政府公布在案，嗣由自治法起草委員會依據上列各法之規定，起草區民行使四權程序法與鄉鎮坊自治職員選舉及罷免法，並先將鄉鎮坊自治職員選舉及罷免法繕具草案請提交大會公決前來，復於十九年七月

五日本院第九十九次會議議決鄉鎮坊自治職員選舉及罷免法修正通過，並錄案呈奉國民政府於十九年七月十九日公布。

（四十九）　審議修正國民政府立法院各委員會組織法第三條案

本案係本院委員王用賓、羅鼎、劉克儁、孫鏡亞、陶玄、陳長蘅、衛挺生、陳肇英、盧仲琳、劉盥訓、劉積學、焦易堂、邵元冲、張鳳九、戴修駿、樓桐孫、劉景新、蔡瑄、莊菘甫、傅秉常、鄭憬辰、王葆真提議修正，當於十九年六月二十八日本院第九十八次會議議決付委員焦易堂、傅秉常、鈕永建、鄧召蔭、王用賓、邵元冲、陳肇英審查，由焦委員召集，嗣據報告審查結果請提交大會公決前來，復於十九年七月十二日本院第一百次會議議決保留。

（五十）　審議學位授予法草案及施行法草案案

本案先於十八年五月十八日本院第二十五次會議關於審議大學條例草案案又專科學校條例草案案又學位條例草案案，當經議決以上三案付委員戴修駿、陶玄、曾傑、王世杰、劉積學審查，嗣據報告審查結果，復於十八年六月二十二日本院第二十九次會議關於學位條例草案案，僉以為本案與考試法有密切關係，應俟考試法審定後再行討論，當即議決緩議，其關於大學組織法、專科學校組織法及考試法續經本院於第三十一次、第三十三次各會議議決先後呈奉公布在案，嗣由本院委員

衛挺生提議考試法業已決定，前經本院第二十九次會議議決緩議之學位授予條例草案應再付審查提請公決，復於十八年七月十六日本院第三十四次會議議決再付委員戴修駿、陶玄、曾傑、劉積學、王世杰、孫鏡亞、黃居素、樓桐孫、衛挺生審查，由戴委員召集，旋據報告審查結果並擬就學位授予法施行法草案請提交大會公決前來又於十九年七月十二日本院第一百次會議議決緩議。

（五十一） 審議魚市場法草案案

本案係行政院送議，當於十八年十一月九日本院第五十九次會議議決付漁會法漁業法起草委員會審查，嗣據報告審查結果僉以該草案第二、第四、第五、第二十八各條所規定頗與總牙性質相類，總牙制度推行至今，壟斷操縱弊害百出，當此盛倡合作運動之時，似不宜再許媒介商人之存在，查各處漁民受魚商壓迫事已數見不鮮，若照該法第七條所定，則魚市場之權利仍操諸魚商之手，弱小漁民不惟無利可圖，且須受貿易不自由之苦，其不便可想而知，況整理魚市籌辦販賣組織合作社等事已屬漁會任務，為該法第三條所規定，將來各港埠如有設立魚市場之必要，應讓漁會為之，比較以漁民魚商合資組織流弊為少，該魚市場法草案是否應從緩議請提交大會公決前來，復於十九年七月十九日本院第一百零一次會議議決緩議，即日錄案咨復行政院查照。

（五十二） 審議陸軍禮節條例草案案

本案係由本院軍事委員會報告起草請提交大會公

決前來，當於十九年七月十九日本院第一百零一次會議議決修正通過，並錄案呈奉國民政府於十九年八月八日公布。

（五十三）　審議解釋鄉鎮自治施行法縣組織法施行法
　　　　　　市組織法內所規定閭鄰居民會議圖記各條
　　　　　　條文疑議案

　　本案係行政院咨請解釋，當於十九年七月二十六日本院第一百零二次會議提出討論，當即議決鄉鎮自治施行法第八十四條，其圖記係指閭鄰居民會議圖記而言，並於七月二十九日咨復行政院查照。

（五十四）　審議修正工商同業公會法第十四條第十五
　　　　　　條第十六條條文案

　　本案係准行政院咨據工商部呈為一區域以上同業組織聯合會法無明文規定，可否另定條例或將該法酌予修正等由到院，當經令據本院商法起草委員會委員馬寅初核議，復稱現在一區域以上之同業組織聯合會者，確屬不僅在一、二處，考察事實揆度商情，似宜准其存在，惟法律未有明文，難資依據，擬將工商同業公會法略加修正，於第十三條下增加一條，在准許聯合之中寓酌量限制之意，繕具修正條文呈請提交大會公決前來，業於十九年八月二日本院第一百零三次會議議決照審查報告於工商同業公會法原第十三條下增加一條列為第十四條修正通過，原第十四條應改為十五條，原第十五條應改為十六條，並錄案繕具修正條文，呈奉國民政府

於十九年八月九日公布。

（五十五）審議首都警察廳請修正工會法施行法第八
　　　　條案

　　本案係國民府第八十六次國務會議決議交立法院
由文官處函達查照，當於十九年八月二日本院第一百零
三次會議議決付勞工法起草委員會審查，嗣據報告審查
結果認為不必加以修正，分述五項理由，關於工會法施
行法第八條在南京市區域施行於首都警察廳之執行取締
並無窒礙，可以毋庸再增但書，請提交大會公決前來，
復於十九年八月十六日本院第一百零五次會議議決照審
查報告通過，並於八月十八日錄案暨抄同勞工法起草委
員會審查報告理由五項呈復國民政府鑒核。

（五十六）　審議漢口市餘地處理章程案

　　本案係文官處奉國民政府發交覆核簽呈意見奉批
照覆意見諮詢立法院由文官處函達查照，當經令行土地
法起草委員會核議，嗣據報告核議結果，即於十九年八
月十六日本院第一百零五次會議議決在土地法正待實施
之時，無擬具此項章程之必無，並於八月十六日錄案呈
復國民政府鑒核。

（五十七）　審議度量衡器具營業條例草案案

　　本案係行政院送議，當交法制委員會核議，嗣據
報告審查結果認為大致尚妥請提交大會公決前來，業於
十九年八月二十三日本院第一百零六次會議議決修正通

過，並錄案繕具度量衡器具營業條例，呈奉國民政府於
十九年九月一日公布。

（五十八）　審議鄉鎮監察委員應否與區監察委員同受
　　　　　　不得被選為調解委員之限制案

　　本案係行政院送議，當於十九年八月三十日本院
第一百零七次會議議決鄉鎮監察委員在鄉鎮自治施行法
既無不得被選為調解委員之規定，自應不受限制，並於
九月一日錄案咨復行政院查照。

（五十九）　審議修正商會法第四十二條改組期限為一年
　　　　　　六個月及同業公會法改組期限一併併修正案

　　查全國商會聯合會刪代電懇將商會法第四十二條改
為一年六個月一案，奉國民政府批分交行政、立法兩院
由文官處函達查照，又准行政院咨同前由，並以可否將
商會及同業公會改組之期一併展緩六個月咨請一併審議
等由到院，迭經令行商法起草委員會委員馬寅初併案核
復，嗣據呈稱遵查原有商會及商會聯合會之改組期限，
前經本院修正商會法第四十二條予以延展，在該項延展
期內縱或尚有少數事實上未及依法改組，亦儘可依照同
法第六、第七等規定之設立程序辦理，似未便遷就事實
再三修改條文，致損法律之確定性，所請再行展期六
個月之處，應毋庸議請提交大會公決前來，業於十九年
八月三十日本院第一百零七次會議議決照審查報告通
過，並於九月二日錄案呈復國民政府鑒核及咨復行政院
查照。

（六十）審議工商同業公會縣中既設有一會仍可否准
用商會法第五條但書之規定於縣屬繁盛區鎮
分設同業公會又可否準用商會法第八條第二
項規定許工商同業公會設置分事務所案

本案係行政院咨送查核，當經令行商法起草委員
會委員馬寅初核復，嗣據呈稱遵查商會法第五條但書規
定繁盛之區鎮亦得單獨或聯合設立商會，是一縣不必限
於僅有一個商會至為明顯，工商同業公會為商會之組織
份子，商會既許分設，即無強令全縣各繁盛區鎮之同業
必須加入同一公會之理，至工商同業公會之目的不外維
持增進同業之公共利益及矯正營業之弊害，其職務不及
商會之廣汎，參閱商會法第一、第三等條之規定而甚
明，因法律允許商會設置分事務所遂據為工商同業公會
亦應許具設置分事務所之理由殊欠允協，所請準用商會
法第八條第二項規定許工商同業公會設置分事務所一
層，似毋庸議請提交大會公決前來，業於十九年八月
三十日本院第一百零七次會議議決照審查報告通過，並
於九月一日錄案咨復行政院查照。

（六十一）審議勞資爭議處理法草案案

查中央政治會議第一百八十四次會議議決勞資爭議
處理法施行期間自十八年六月九日起展期六個月一案，
奉國民政府第五九零號訓令，當經飭屬遵照在案，嗣
據勞工法起草委員會呈稱，勞資爭議處理法施行期間前
經再行展期瞬將屆滿，亟應重加修正，以便處理勞資爭
議時有所依據，職會開會討論參照舊法，斟酌現情，擬

具草案四十條，並更定名稱為勞資爭議法，請提交大會公決前來，業於十九年三月八日本院第七十九次會議議決勞資爭議處理法修正通過，並錄案繕具勞資爭議處理法，呈奉國民政府十九年三月十七日公布。

（六十二）　審議民事訴訟法草案案

　　案據本院法制委員會呈稱，民事訴訟法草案業已完成，迭經開會審議討論結果，將第一編至第五編第三章修正通過，其第五編第四章人事訴訟程序擬留俟民法親屬、繼承兩編制定後再行審查，或將來另訂為單行法以資適用，現已完成之各編或由大會先行討論或留俟人事訴訟程序審查後一併討論，擬請大會決定，繕具民事訴訟法草案敬候提交大會公決前來，當經本院迭次開會討論，旋於十九年九月三日本院第一百零九次會議議決：（一）民事訴訟法第一編至第五編第三章三讀會修正通過，（二）民事訴訟法中關於人事訴訟程序部分及其編別章次俟民法親屬、繼承兩編制定後再行審議，並錄案繕具民事訴訟法第一編至第五編第三章條文一份，於十九年九月二十六日呈請國民政府公布。

（六十三）　審議市組織法第五十四條之規定區長為無
　　　　　　給職是否專指民選區長而言在區長民選以
　　　　　　前委任區長應否給俸案

　　本案係行政院選議，當於十九年八月十六日本院第一百零五次會議議決付自治法起草委員會審查，嗣據報告審查結果復於十九年九月二十日本院第一百一十次

會議議決市組織法第五十四條之規定專指民選區長而言，委任區長不在其內，並於九月二十三日錄案咨復行政院查照。

（六十四）審議行政院據工商部呈請將勞工仲裁會條例明令廢止或分別補充修正等情咨請審議案

本案當於十九年八月二十三日本院第一百零六次會議議決付勞工法起草委員會審查，嗣據報告審查結果僉以此項條例原係解決當時工人間爭執而設，現在工人間爭議事件比較往年頗形減少，如遇此種爭議發生，行政官署可以適用一般法律相機處理，似無別立單行條例之必要，且此項條例內容按諸現情既多不合，似可呈請國民政府明令廢止，不必再行修正補充，請提交大會公決前來，復於十九年九月二十日本院第一百一十次會議議決照審查報告通過，並錄案呈奉國民政府於十九年九月二十七日令勞工仲裁會條例著即廢止。

（六十五） 國葬條例案

本案係中央政治會議咨奉國民政府批交立法院，由文官處函達查照，並准中央政治會議函送國葬條例到院，當於十九年九月二十七日本院第一百一十一次會議議決國葬法修正通過，並錄案繕具國葬法，呈奉國民政府於十九年十月七日公布。

（六十六） 審議陸海空軍懲罰法草案案

本案係據本院軍事委員會提議書稱，吾國歷年戰

亂，法紀蕩然，軍事典章尤多缺漏，職會鑒於陸海空軍
刑法與陸海空軍審判法已次第公布，獨軍人違反軍紀風
紀之適用律例尚未完成，爰擬草訂陸海空軍懲罰法以為
軍人輕微犯行者有所警戒，此與違警罰法之適用於非軍
人犯輕微罪者旨趣相同，謹依本院組織法第二十二條之
規定繕具提議書及陸海空軍懲罰法草案請提交大會公決
前來，當於十九年四月十二日本院第八十四次會議議
決付法制委員會會同軍事委員會審查，嗣據報告審查
結果認為大致妥善，復於十九年九月二十七日本院第
一百一十一次會議議決陸海空軍懲罰法修正通過，並錄
案繕具陸海空軍懲罰法，呈奉國民政府於十九年十月七
日公布。

（六十七）審議依照新商會法改組之商會商事公斷處
　　　　　是否繼續設立案

　　本案係行政院送議，當經令交商法起草委員會核
明具報，嗣據報告討論結果僉以商會法第三條第四款規
定工商業之調處及公斷事項為商會職務之一種，並未寓
有設立公斷處之意，所有調處及公斷事項，商會可以依
據條文自為分配處理，無再行特設商事公斷機關，請
提交大會公決前來，業於十九年九月二十七日本月第
一百一十一次會議議決照審查報告通過，並於九月三十
日錄案咨復行政院查照。

（六十八）審議備荒基金法草案案

　　本案係國民政府交議，由文官處函達查照，當於

十九年四月二十六日本院第八十六次會議議決付財政委員會審查，嗣據報告審查結果，復於十九年五月十七日本院第九十一次會議議決再付法制、財政兩委員會審查，由法制委員會召集，續據報告審查結果，認為該案有欠詳密，應另行起草以資適用，擬具救災準備金法草案十一條請提交大會公決前來，又於十九年十月四日本院第一百一十二次會議議決救災準備金法修正通過，並錄案繕具救災準備金法，呈奉國民政府於十九年十月十八日公布。

（六十九）　中央執行委員會第八十二次常會通過電影
　　　　　　檢查條例原則四項函經政治會議轉送本院
　　　　　　依照起草案

　　本案當於十九年四月十二日本院第八十四次會議議決付法制委員會審查，嗣據報告討論結果擬具電影檢查法草案十四條請提交大會公決前來，復於十九年十月十一日本院第一百一十三次會議議決電影檢查法修正通過，函請中央執行委員會政治會議祕書處轉陳決定，旋經中央執行委員會政治會議第二四八次會議決議通過函復到院，即於十月二十八日錄案並繕具電影檢查法，呈請國民政府鑒核。

（七十）　審議團體協約法草案案

　　案據本院勞工法起草委員會呈稱，職會起草勞動法規前經決定採用單行法形式，除工會法、工廠法業經先後呈報提交大會通過呈奉國民政府公布在案，茲復擬

就團體協約法草案三十一條請提交大會公決前來，當於十九年五月二十四日本院第九十二次會議議決付法制委員會會同勞工法起草委員會審查，嗣據報告審查結果復於十九年十月十一日本院第一百一十三次會議議決團體協約法修正通過，茲錄案繕具團體協約法，於十月二十八日呈奉國民政府公布。

丑、預算案

本院第七十七次會議至第一百一十三次會議止，其所有議決之預算案計有下列各案。

（一）審議修正交通部電政公債條例及還本付息表案

本案係准行政院咨擬將電政公債條例內關於利率折扣及發行日期之三、四、五，三條酌予修正以利發行等由，送院審議，當於十九年二月八日本院第七十五次會議議決付財政委員會審查，嗣據報告審查結果請提交大會公決前來，復於十九年三月八日本院第七十九次會議議決照審查修正案通過，並繕具民國十九年交通部電政公債條例及還本付息表，呈奉國民政府於十九年三月十七日公布。

（二）審議民國十九年捲菸稅庫券條例及還本付息表案

本案係國民政府發由文官處交議，當依本院議事規則第十四條之規定發交財政委員會審查，嗣據報告審查結果請提交大會公決前來，業於十九年三月二十二日本院第八十一次會議議決通過並繕具民國十九年捲菸

稅庫條例及還本付息表，呈奉國民政府於十九年三月
三十一日公布。

（三）審議杭州市自來水公債條例及還本付息表案

本案係行政院送議，當於十八年十一月九日本院
第五十九次會議議決付財政委員會審查，嗣據報告稱本
年三月二十日據該市將關係文件彙送到會提出討論修正
通過，請提交大會公決前來，復於十九年五月十七日本
院第九十一次會議議決：（一）浙江省杭州市自來水公
債條例照審查修正案通過，（二）還本付息表照審查修
正案通過，並錄案呈奉國民政府於十九年五月二十八日
公布。

（四）審議民國十九年浙江省賑災公債條例暨還本付
　　　息表案

本案係國民政府交議，當於十九年五月二十四日
本院第九十二次會議議決付財政委員會審查，嗣據報告
審查結果，復於十九年五月三十一日本院第九十三次會
議議決：（一）民國十九年浙江省賑災公債條例修正通
過，（二）還本付息表照審查修正案通過，並錄案呈奉
國民政府於十九年六月九日公布。

（五）審議江蘇省建設公債條例暨還本付息表案

本案係國民政府先將江蘇省建設公債條例暨還本
付息表發院審議，當於十九年七月十二日本院第一百次
會議議決付財政委員會審查，嗣據報告審查結果請提交

大會公決前來，並由江蘇省政府以該項公債條例尚有未盡妥善之處，請將該條例第三、第七兩條條文修正呈奉國民政府批交立法院，由文官處函院查照，復於十九年七月二十六日本院第一百零二次會議併案提出討論，經即議決：（一）江蘇省建設公債條例修正通過，（二）還本付息表照審查修正案通過，並錄案呈奉國民政府於十九年八月四日公布。

（六）核議民國十九年關稅短期庫券條例暨還本付息表案

　　本案係國民政府交議，當於十九年八月二日本院第一百零三次會議議決：（一）民國十九年關稅短期庫券條例通過，（二）還本付息表通過，並錄案呈奉國民政府於十九年八月十四日公布。

（七）審議修正民國十九年關稅短期庫券條例及還本付息表增發債額案

　　本案係國民政府交議，由文官處函達查照，當於十九年十月四日本院第一百一十二次會議議決照案通過，並錄案繕具修正民國十九年關稅短期庫券條例及還本付息表，呈奉國民政府於十九年十月七日公布。

寅、條約案

　　本院第七十七次會議至第一百一十三次會議止，其所有議決之條約案計有下列各案。

（一）審議中捷友好通商條約案

　　本案係國民政府第七十一次國務會議決議送立法院，由文官處函院查照，當依本院議事規則第十四條之規定發交外交委員會審查，嗣據報告審查結果請提交大會公決前來，業於十九年四月十九日本院第八十五次會議提出討論，僉以中捷友好通商條約大致妥善，應予批准，惟本條約中文第十一條第一項與英文條文不相脗合，且照中文詞句與同條第三項亦顯相衝突，查該條約係以英文為準，而第十一條第一項之英文辭義尚屬妥善，故該項中文字句應照英文辭義改為「兩締約國人民在彼此領土內私人所有財產有訂立遺囑或用他種方法自由處分之權但須受所在國法律章程之限制」，當即議決中捷友好通商條約通過，並於四月二十二日錄案及繕具改正中捷友好通商條約第十一條第一項中文條文呈復國民政府鑒核。

（二）審核中日關稅協定案

　　本案係於十九年五月十日本院第八十八次會議由本院委員衛挺生、王用賓、劉克儁、陳長蘅、馬寅初、邵元冲等提議，中日關稅協定第五條規定本協定應自簽定之日後第十日起發生效力，有違背國民政府組織法第二十五條第二項之規定，應遵照治權行使規律提出質詢，經外交部次長李錦綸列席陳明報載中日關稅協定第五條文字與原文相同，當即議決：（一）應請行政院迅將中日關稅協定一案送院討論，（二）於本月十二日上午九時開第八十九次會議討論中日關稅協定案，並請外

交部部長列席，隨即錄案函准行政院將外交部呈文並中日協定及附件簽訂中日協定雙方代表會議錄、中日協定英文本咨送來院，並准國府文官處函奉國民政府將本案批交立法院迅速議復。旋於十九年五月十二日本院第八十九次會議由外交部部長王正廷列席陳述意見，當即議決：（一）付法制、外交、財政、經濟、軍事五委員會審查，由法制委員會召集，準本日下午三時開會，並依立法院組織法第十七條之規定請財政部部長列席，（二）本案準十二日下午審查完畢，於十三日上午開第九十次會議提出討論。旋據依照上列議決審查完畢報告前來，復於十九年五月十三日本院第九十次會議議決認為該協定第五條係指呈奉國府批准後，其效力發生之期間，雖用語過於省略，尚無違礙稅率各點，在相當期間內亦屬可行，應予通過，惟對於第五條用語應鄭重聲明此後不得有同樣之疎忽，以杜流弊，又請主管機關此後應注意國民政府組織法第二十五條第二項之規定，以明責任，再該協定附件四整理無擔保或擔保不足之債款，於召集債權人代表會議時，尤應注意本黨對外政策第四、第六兩條之規定，並於五月十三日錄案呈復國民政府鑒核。

（三）審議國際郵政公約國際郵政互換保險信函及箱匣
　　　協定國際郵政互換包裹協定國際郵政匯兌協定案
　　本案係國民政府文官處奉批交院審核，當於十九年六月二十一日本院第九十七次會議議決付外交委員會審查，嗣據報告審查結果，僉以該公約及各協定內容大

致妥善，擬照原文予以批准請提交大會公決前來，復於
十九年八月九日本院第一百零四次會議議決照審查報告
通過，並錄案暨附繳批准書一紙、公約原本及譯本各四
冊，呈奉國民政府於八月十九日令行照批准。

（四）審議修正國際法庭規約暨美國加入國際法庭規約
　　　兩議定書及批准書案

　　本案係國民政府第八十七次國務會議決議交立法
院，由文官處函達查照，當於十九年八月九日本院第
一百零四次會議議決付外交委員會審查，嗣據報告審查
結果認為國際法庭規約實有修正之必要，修正案條文均
較舊條文詳密完備，似尚無不妥之處，該議定書擬照原
文予以批准，至美國加入國際法庭規約議定書，其第一
條雖承認美國之五項條件，然第二、第三、第四、第五
等條對於五項保留條件實已加變易制限，於簽約各國之
權利尚無妨礙，該議定書擬一併予以批准請提交大會公
決前來，復於十九年八月二十三日本院第一百零六次會
議議決照審查報告通過，並錄案呈奉國民政府於十九年
九月二日令行照批准。

（五）審議收回威海衛租借地專約及協定案

　　本案係國民政府第七十五次國務會議決議送立法
院，由文官處函達查照，當於十九年五月十三日本院第
九十次會議議決付外交委員會審查，嗣據報告審查結
果，僉以該專約及協定內容大致妥善，擬照原文予以批
准請提交大會公決前來，復於十九年九月二十日本院第

一百一十次會議議決照審查報告通過，並錄案呈奉國民政府於十九年九月二十七日令行照批准。

卯、其他議決案

本院歷次會議議決不須經立法程序之案，或大會認為不屬於國民政府組織法第二十五條第二項所列各案者，列為其他議決案，茲將各案分述於左。

（一）審議種牡畜檢查規則草案案

本案係行政院送議，當於十九年二月二十八日本院第七十八次會議議決：（一）種牡畜之檢查事實上尚未需要，本案應送還行政院，（二）種牡畜檢查規則不屬法律案範圍，無須經本院審定，並於三月五日咨復行政院查照。

（二）審議農礦部擬改訂墾殖保護獎勵條例案

本案係行政院送議，當於十九年七月十二日本院第一百次會議議決付經濟委員會會同土地法起草委員會審查，嗣據報告審查結果，僉以土地法業經公布，所有關於墾荒政策之重要規定，該法第三章荒地使用一節內條目已極詳明周密，至於軍警之保護、政府之獎勵等，皆係實施時一部分之手續，在施行未經規定以前，若為獎勵墾荒急於實施起見，似可由該部根據土地法之規定參加實施手續斟酌情形訂立暫行規則，以便施行，不必經由立法程序請提交大會公決前來，復於十九年八月十六日本院第一百零五次會議議決，照審查報告通過，

並於八月十八日錄案咨復行政院查照。

（三）審議海員工會組織條例及民船船員工會組織條
　　　例案

　　本案係行政院送議，當經令交本院勞工法起草委員
會審查，嗣據報告審查結果，僉以海員及民船船員組織
工會於工會法所規定尚無不合，惟此種組織之規定可由
主管官署於工會法、工會法施行法法定範圍以內並依據
整理海員工會綱領分別訂立規則以便施行，不必特定條
例，經由立法程序請提交大會公決前來，業於十九年九
月二十日本院第一百一十次會議議決照審查報告通過，
並於九月二十三日錄案咨復行政院查照。

（四）法官初試暫行條例草案案

　　本案係考試院送議，當於十九年九月二十七日本院
第一百一十一次會議議決，本案無庸經立法程序，並於
九月三十日錄案咨復考試院查照。

乙、統計工作

　　本院統計工作，如各種事實之調查及統計之編製，
除於十九年二月十五日編造報告具報告外，茲自十九年
三月一日起以至於今，其經辦工作分別報告於左。

（一）各縣農業概況調查

　　農業統計之目的在於明瞭各省農業大概狀況，如
農地、農戶、農產等，其調查方法有繁有簡，現所採用

者為一種極簡單便利且再經濟的通訊調查方法，委託縣
政府或郵政局函報各該地農況以資參證比較。調查結果
計已報告到院而將報告審查整理者有江蘇、浙江、河
北、山西、遼寧、察哈爾六省，其報告業經整理而認為
不完整者有吉林、熱河、山東、安徽、湖北、黑龍江、
綏遠六省，其他諸省或因地方不靖，或因交通不便，填
報縣分占極少數，迭經函催仍未報齊。至於業經整理之
調查表編成統計，已陸續在統計月報發表耳。

（二）農產預測試驗

　　農產預測試驗之目的在農產未收穫以前，預測全國
該年之豐歉，使國人於事前有所準備，消患於未形。其
方法則約全國各縣之熱心農民函報作物每年種植生長收
穫情形，根據既往而預測未來。調查結果全國一千八百
餘人，分散在二十六省六百餘縣，綜合上列報告而為之
測驗，於去年六、七月間農產尚未全收，已接各地農民
之水旱蝗蝻災害之報告，即預測去年收穫全國皆歉。本
年所得之報告反是，故預測全年除陝西數縣之外，餘皆
豐收。其試驗結果曾載統計月報第二卷第五期。

（三）農佃調查

　　農佃調查之目的在於調查各地農佃習慣、租率及
自耕農、佃農暨自耕農之比例，以供本院草擬土地法之
參考，同時作為我國農業經濟學者研究之資料。其調查
方法利用通訊調查方法，委託各縣縣政府、地方教會、
鄉村合作社、教育機關及各縣小學教員或其他個人，調

查該地實況，按表填報。其調查結果由各地填報者不少，除認為不精確者外，總計認為可用者有一千零十四村的報告，代表四百縣二十三省，業經編成統計詳載統計月報第二卷第六期。

（四）全國戶口統計

本院關於戶口統計之辦理，曾蒐集民國十七年、十八年各省之清查實數，計有江蘇、浙江、山東、安徽、河北、遼寧、雲南、廣西、陝西、山西、察哈爾、新疆、江西、湖南、湖北等省，尚有數省未及清查完畢，乃從事分析民國元年之各省戶口詳數且與十八年已清查之各省有數字可稽者兩相比較，得平均增加率為千分之七八，依此推算民國十八年之人口總數為四萬四千五百萬。

（五）民事習慣調查

關於全國各縣民事習慣之調查，所以備立法之參考也。其調查範圍以親屬及承繼之習慣為限，如親屬之定義、家長之推定、親屬會議、扶養、撫予、承繼、悔繼、遺產管理權、遺囑之執行、債權債務承繼等項，各地方每不一致，特為製定調查表，其調查事項以問答方式開列數十項分發各縣調查，以期統計多數習慣及少數習慣，藉察民間實況。已收到者約四百餘縣，業經整理就緒製表交民法起草委員會，以備參考。

（六）家庭調查

社會調查宜從家庭組織之調查著手，既可窺察社會生活之實況，又可作改良全國生計計劃之準備，在過去一年中已將調查所得之武漢工人家庭六二五家、上海工人六九九九家、南京工人家庭七○○○家、無錫工人家庭三三二家、北平工人家庭六四一家等材料整理完畢，尚在整理中者有廣東商人家庭六七○家、上海商人家庭四一○家、河北農業家庭八一家。整理方法計分為下列各項：

（1）工人家庭人口之性比例 （2）年齡分配

（3）籍貫及遷移　　　　（4）天然家庭之大小

（5）婦女生育率　　　　（6）婚嫁鰥寡數

（7）婚姻率　　　　　　（8）出生與死亡率

（9）職業　　　　　　　（10）收入及支出

（11）工時與工齡　　　　（12）住房情形

（13）扶養關係　　　　　（14）教育程度

按照上列各項分別整理，皆得相當之結果，足以代表我國全國勞工階級家庭狀況之一斑。

（七）商業統計

關於商業統計部分，如近五十年華茶出洋之指數及百分數，經繼續編製業經完成計有三種指數，一為數量指數、一為價值指數、一為每擔價格指數，五種百分數，一為近五十年華紅茶出洋按國百分數、一為近五十年華綠茶出洋按國百分數、一為近五十年華磚茶出洋按國百分數、一為近五十年他種茶出洋按國百分數，其他

統計列編有六主要海關進出口貿易之指數，一為江海
關、江漢關、粵海關、津海關、大連關及哈爾濱屬關
之各關進出口貿易指數、一為上述六關之總指數，此兩
種指數依據六關季冊之進出口數量乘以十五年之各種貨
物價格以編成之，現已編有十四季之指數，以後仍繼續
編出。

（八）外人在華投資統計
　　此項調查去年已經著手，今年仍繼續調查並加整
理，已在統計月報一卷八期與二卷二、三、五等陸續
發表。

（九）金融統計
　　金貴銀賤風潮發生以來，影響於國計民生至深且
鉅，關於此項問題之研究，除編印銀價問題專刊外，並
陸續調查研究在統計月報發表，自六月起復派員前往上
海蒐集各項極有關係之材料，俾便作將來編製六十年來
金銀及他項金融統計，此外更蒐集報紙多年之記載，編
製上海六十年來各項金融統計，如銀拆、洋釐、銅元、
制錢、市價、市場、存銀、現銀、進出口、中央政府各
公債市價、各銀行公司股票市價等。又調查最近一年來
工商各業所受銀價暴落之影響，俾便知所補救。至於最
近各方主張獎勵出口發展工商業，以為金貴銀賤之補
救，則無此有關係之工商業調查亦為當務之急也，故對
於絲業、紗業、茶業、麵粉業、煤業、電氣工業等詳細
調查其內容。

（十）鐵路統計

　　自民國十四年全國國有各鐵路之營業狀況，業經詳細用統計方法分析，所得結果已在統計月報第二卷第二期發表，計編有民國二年至民國十四年國有十一鐵路及全國國有鐵路總計營業收入支出及淨收入平均增進率統計表。

（十一）教育統計

　　吾國十八年度教育統計業經整理完竣，內分初等、中等、高等、社會四項，而各項中又分公立、私立、教會學校三種分別統計。其初等教育統計各表已於統計月報第二卷第三期發表，至全國中、初兩等教育統計編有下列各表：

（1）十八年度全國初等教育統計總表
（2）十八年度全國中等教育統計總表

（十二）政治統計

　　政治統計部分，關於十八年度中央直轄各機關公務人員早已分別統計，並在統計月報第一卷第九期發表，計編有下列各表：

（1）中央各機關各級職員大學畢業表
（2）中央各機關男女職員平均入黨年數表
（3）中央各機關各級男女職員平均入黨年數表
（4）中央各機關男女職員黨員人數比較表
（5）中央各機關男女職員平均年齡表
（6）中央各機關各級職員平均年齡表

（7）中央各機關男女職員經過政治工作平均年數表

（8）中央各機關各級職員經過政治工作平均年數表

上列各表屬於中央機關公務人員之統計，至於十八年度全國各省市公務人員統計亦已整理完畢，分別省市製成年齡、籍貫、教育程度、經過政治工作年數、入黨年數各項統計，現編有下列各表：

（1）十八年度全國各省政府職員人數並黨籍比較總表

（2）十八年度全國各特別市職員人數並黨籍比較總表

（十三）衛生統計

關於十七年全國衛生統計，業將先後所得材料整理就緒，計分各種傳染病統計、醫院統計兩項，計編有下列各表：

（1）十七年度全國各省市各種傳染病統計總表

（2）十七年度各市醫院數目醫士人數及診治人數統計總表

（十四）道路統計

關於十八年度全國道路統計，亦根據蒐集之材料整理完畢，計編有十八年度全國各省公路統計總表。

此外關於統計月報之發行，國內各項有關係統計刊物索引之編製，第十九次國際會議統計論文之選擇，又如搜集統計材料並選述中國與歐洲各國經濟關係論文備送比國百年紀念博覽會之用，編撰「二年來之新政」中所需要各項統計以應外交部之委託，凡茲種種均為本院

過去之統計工作也。

丙、編譯工作

　　本院之編譯工作，依國民政府立法院組織法之規定，約有三項：

（一）搜集一切立法之參考材料。

（二）選譯各國法律、政治、經濟、社會書籍。

（三）編輯本國法規。

　　即按照上列各項之工作努力進行，計翻譯立法參考材料屬於英文者有三十八種，屬於法文者二十餘種，屬於德文者二十餘種，屬於日文者四十餘種，其中頗多可以印行之稿，應俟異日付梓。又本國法規譯成外國文者，在英文則有五種，在法文則有三十餘種。至編輯本國法規，業將中央及地方已經公布之法規條文盡量蒐集分類編載，其後頒行者仍繼續編輯中，以待印行。至於將來規劃則專重選譯各種經濟、政治、社會、法律學、科學之名著典籍為主。茲將過去工作列表於左。

子、已編輯及翻譯之本國法規

　　中文

書名	編譯方法
中華民國法規	編訂
中華民國國民政府組織法	譯成英、法文
國民政府審計部組織法	譯成英、法文
中華民國國籍法	譯成英、法文
民法草案親屬篇（舊）民法草案繼承篇（舊）民法草案物權篇（舊）	譯成英文
中華民國公司法	譯成英文
國民政府行政院組織法	譯成法文

書名	編譯方法
國民政府立法院組織法	譯成法文
國民政府立法院議事規則	譯成法文
國民政府司法院組織法	譯成法文
國民政府考試院組織法	譯成法文
國民政府監察院組織法	譯成法文
國民政府文官處條例	譯成法文
國民政府參軍處條例	譯成法文
國民政府委員隨從官吏條例	譯成法文
內政部組織法	譯成法文
外交部組織法	譯成法文
財政部組織法	譯成法文
教育部組織法	譯成法文
軍政部組織法	譯成法文
交通部組織法	譯成法文
工商部組織法	譯成法文
海軍部組織法	譯成法文
農鑛部組織法	譯成法文
鐵道部組織法	譯成法文
衛生部組織法	譯成法文
銓敘部組織法	譯成法文
司法行政部組織法	譯成法文
最高法院組織法	譯成法文
建設委員會組織法	譯成法文
蒙藏委員會組織法	譯成法文
考選委員會組織法	譯成法文
僑務委員會組織法	譯成法文

丑、已翻譯之外國立法參考書

英文

書名	編譯方法
國際法庭	譯成中文
國會的改革	譯成中文
美國各州出生死亡登記模範條例	譯成中文
美國中立與國際政策	譯成中文
國內外商業局	譯成中文
歐洲經濟史	譯成中文
對於中國工廠法草案之觀察	譯成中文
一八八二年英國自治條例	譯成中文

書名	編譯方法
英國戶籍法（一九二〇年）	譯成中文
美國審計總局之地位與職務	譯成中文
美國聯邦政府歲計制度	譯成中文
美國商業政策	譯成中文
一八九三年德國私立有限公司條例	譯成中文
國際勞工局對於商船裝卸貨物工人防險問題之建議	譯成中文
國際勞工局對於中國工廠法草案各種問題之觀察	譯成中文
組織的工人	譯成中文
英國實業及經濟會社條例（一八九三年－一九一三年）	譯成中文
英德比瑞意五國合作社一瞥	譯成中文
美國威斯康辛省合作法	譯成中文
中國合作法芻議	譯成中文
北美洲消費合作事實概況	譯成中文
合作學徒教科書	譯成中文
中國之農業合作運動	譯成中文
農村合作社論	譯成中文
美國農業合作社條例	譯成中文
美國省省生產婚姻死亡呈報及登記法	譯成中文
社會保險學	譯成中文
實業史要	譯成中文
英國一八四二年銀行條例	譯成中文
英國一八九四年國庫規程	譯成中文
英國一九一三年實業及經濟會社（修正）條例	譯成中文
巴利斯坦國銀行管理條例	譯成中文
巴利斯坦國信託銀行條例	譯成中文
意大利國有塩場管理條例	譯成中文
地方步兵大隊動員令	譯成中文
美國國家銀行條例	譯成中文
美國紐約省銀行法	譯成中文
普通銀行條例草案	譯成中文
李嘉圖經濟學	譯成中文

法文

書名	編譯方法
法國民法概說篇　　法國民法總則篇 法國民法親人親屬篇　法國民法婚姻篇	譯成中文
海商法草案	譯成中文
旅華比僑商會章程	譯成中文
旅華法僑商會章程	譯成中文
海商法草案說明	譯成中文
荷蘭國勞工團體協定法	譯成中文

書名	編譯方法
法國河川漁業法	譯成中文
法國沿海漁業法	譯成中文
法國關於漁業之命令	譯成中文
法國合作社法	譯成中文
瑞士國出版契約法	譯成中文
保險契約法草案	譯成中文
保險契約法草案總說明	譯成中文
保險契約法草案分條說明	譯成中文
比國學徒法草案	譯成中文
法國銀行法	譯成中文
法國民眾銀行法	譯成中文
法國儲蓄公司法	譯成中文
法國民法無能力人篇	譯成中文
比國森林法	譯成中文
蘇俄森林法	譯成中文
法國國籍法	譯成中文
法國民法典第一卷第一篇私法享受與褫奪 法國民法典第一卷第二篇人事文書	譯成中文
法國銀行鈔券法定市價法	譯成中文

德文

書名	編譯方法
德國戶籍法	譯成中文
德國軍人陳訴法	譯成中文
德國住宅區法律草案	譯成中文
勞工階級和土地改良	譯成中文
德國勞工保護法草案	譯成中文
瑞典團體契約法	譯成中文
德國勞工部工作範圍表	譯成中文
德國社會民主黨農業政策	譯成中文
土地改良	譯成中文
德國土地改良	譯成中文
德國城市法	譯成中文
德國塩稅法	譯成中文
德國合作社法	譯成中文
德國國家銀行法	譯成中文
德國所得稅法	譯成中文
德國財政法	譯成中文
德國私立發行鈔票銀行法	譯成中文
德國保管及存款營業法	譯成中文

書名	編譯方法
德國特許法	譯成中文
德國強制抬賣及強制管理法	譯成中文
德文旂之法律意義	譯成中文

日本

書名	編譯方法
日本戶籍法暨施行細則	譯成中文
瑞士國勢調查法規	譯成中文
奧地利國勢調查各規定	譯成中文
普魯士行政法典附錄	譯成中文
蘇俄民事訴訟法	譯成中文
法國人口調查施行條例	譯成中文
日本保險業法暨施行細則	譯成中文
日本商法內關於保險之規定	譯成中文
日本產業債券條例	譯成中文
日本產業合作社條例	譯成中文
日本茶業合作社條例	譯成中文
日本漁業法暨施行細則	譯成中文
日本產業合作社法暨施行細則	譯成中文
日本森林合作社條例	譯成中文
日本產業合作社中央金庫法暨施行細則	譯成中文
日本漁業合作社條例	譯成中文
日本水產合作社條例	譯成中文
日本住宅合作社暨施行細則	譯成中文
日本重要物產同業合作社暨施行細則	譯成中文
勃倫梭奴犯罪人論	譯成中文
日本健康保險法暨施行細則	譯成中文
日本陸軍禮節及婚姻祭葬各規定	譯成中文
日本修正陸軍勳章授與典例	譯成中文
日本銀行法暨日本儲蓄銀行法	譯成中文
中國農村合作運動	譯成中文
日本要塞地帶法暨施行細則	譯成中文
日本戒嚴法	譯成中文
農村法律問題	譯成中文
中世歐洲經濟文	譯成中文
歐美政界之新趨勢	譯成中文
日本銀行法施行細則	譯成中文
日本儲蓄銀行法施行細則	譯成中文
日本特別用塩規則施行細則	譯成中文
日本特別用塩規則	譯成中文
日本販塩規則	譯成中文

書名	編譯方法
日本農會法	譯成中文
日本關稅法	譯成中文
日本專賣局官制	譯成中文
日本特許法	譯成中文
日本塩專賣法施行細則	譯成中文
日本塩專賣法	譯成中文
日本關稅法施行規則	譯成中文
日本海關稅率法	譯成中文
日本保稅倉庫法	譯成中文

二、現在工作

本院過去工作已如上述，至於現在工作，茲分別報告如左。

甲、立法工作

本院歷次會議議決付委員會或付委員審查，及依本院議事規則第十四條之規定交審查，現尚未審查完畢者，計有法律案四十三宗、預算案一宗、條約案三宗，至關於各種法律之起草，現在起草中，茲分別報告如左。

子、法律案

現在各委員會及各委員起草或審查中者，計有下列各案。

（一）審議財政部所屬各機關組織章程案

本案係行政院送議，當於十九年一月四日本院第六十九次會議議決付財政委員會審查。

（二）審議取締私發紙幣冒用本票名義辦法案

　　本案係行政院送議，當於十九年一月十四日本院第七十一次會議議決付委員馬寅初、羅鼎審查。

（三）中央政治會議第二百十五次會議議決特別市參議會選舉法原則交本院依照起草案

　　本案係中央政治會議函由國民政府轉令本院遵照起草，當於十九年二月十五日本院第七十六次會議議決付自治法起草委員會起草。

（四）行政院咨請頒布銀錢公會單行法規案

　　本案當於十九年二月二十二日本院第七十七次會議議決付商法起草委員會審查。

（五）審議商品檢驗條例草案案

　　本案係行政院送議，當於十九年四月二十六日本院第八十六次會議議決付法制委員會、經濟委員會、商法起草委員會審查，由法制委員會召集。

（六）審議航業獎勵法造船獎勵法航路標識條例商港通則各草案案

　　此四案係行政院送議，當於十九年五月十日本院第八十八次會議議決以上四案付商法起草委員會會同軍事委員會審查。

（七）審議農鑛部農品檢查條例草案案

　　本案係行政院送議，當於十九年五月十日本院第八十八次會議議決付法制委員會審查。

（八）縣長人選問題意見五項案

　　本案係中央常務委員批交國民政府核辦，旋奉國民政府批交行政院、立法院、考試院、監察院核辦，由文官處函達查照，當於十九年二月二十八日本院第七十八次會議議決付自治法起草委員會會同法制委員會審查，嗣准國民政府文官處以關於縣長人選案經三中全會決議仍由常會交政府主管機關委擬辦法等因，函達本院查照，復交法制委員會與前案合併審查，嗣據報告審查完畢，又於十九年五月十七日本院第九十一次會議議決付委員焦易堂、王用賓、衛挺生、孫鏡亞、羅鼎起草，由焦委員召集。

（九）審議救濟限制用塩行銷區域草擬塩製物品條例案

　　本案係本院委員焦易堂、莊崧甫、羅鼎、林彬、馬寅初、劉盥訓、陳長蘅、方覺慧、王用賓、衛挺生、曾傑、樓桐孫、孫鏡亞、陳肇英提議，當於十九年四月五日本院第八十三次會議議決付財政委員會會同經濟委員會審查，由財政委員會召集，嗣據報告審查結果，復於十九年五月二十四日本院第九十二次會議議決：（一）本案係塩法之一部，應付塩法起草委員參考酌量採擇，（二）付委員焦易堂、莊崧甫、陳長蘅、鄧白蔭、羅鼎、林彬、馬寅初、劉盥訓、方覺慧、王用賓、

衛挺生、曾傑、樓桐孫、孫鏡亞、陳肇英起草塩法，由
焦委員召集。

（十）核議郵政總局改為郵務總局並郵務總局章程案
　　本案係國民政府批交立法院核復，由文官處函達
查照，當於十九年五月二十四日本院第九十二次會議議
決付法制委員會審查。

（十一）行政院咨請本院從速制定勞工保險勞工儲蓄
　　　　等法規案
　　本案當於十九年六月十七日本院第九十六次會議議
決付勞工法起草委員會，嗣據報告勞工儲蓄似可不必另
訂單行法規，經於十九年六月二十八日本院第九十八次
會議議決照審查報告通過，呈復國民政府在案，其勞動
保險法尚在起草審查中。

（十二）國民政府據行政院轉呈財政部核復議訂官吏
　　　　卸任交代辦法交立法院核議案
　　本案由文官處函達查照，當於十九年七月五日本院
第九十九次會議議決付法制委員會會同財政委員會審查。

（十三）行政院咨請將區鄉鎮公民行使四權之程序法
　　　　規提前制定案
　　本案當於十九年五月三日本院第八十七次會議議
決付自治法起草委員會起草，嗣據報告先將鄉鎮坊自治
職員選舉及罷免法起草完成，經本院於十九年七月五日

本院第九十九次會議議決修正通過，呈奉國民政府公布，其區民行使四權程序法尚在起草中。

（十四）　審議修正導淮委員會組織條例草案案

　　本案係國民政府第八十三次國務會議議決交立法院，由文官處函達查照，當於十九年七月十二日本院第一百次會議議決付法制委員會審查。

（十五）　審議技術人員養卹條例案及藝術保障條例案
　　　　　暨制定獎勵登記全國技術人才條例案

　　查技術人員養卹條例案係行政院送議，於十八年九月十四日本院第四十九次會議議決付法制委員會審查。又藝術保障條例案係國民政府交議，由文官處函達查照於十九年四月十九日本院第八十五次會議議決付法制委員會審查。又關於制定獎勵登記全國技術人才條例案，係行政院送議，經令交法制委員會與前兩案併案辦理。嗣據報告合併審查完畢，復於十九年七月十二日本院第一百次會議議決保障學術人才條例付委員焦易堂、孫鏡亞、林彬、衛挺生、陳長蘅起草，由焦委員召集。

（十六）　審議航政局組織條例草案案

　　本案係行政院送議，當於十九年三月八日本院第七十九次會議議決付法制委員會審查，嗣據報告審查完畢，復於十九年四月十二日本院第八十四次會議議決再付法制委員會會同委員馬寅初、衛挺生、陳長蘅、吳尚鷹、傅秉常審查，旋據報告審查結果，以航行局之職掌

與現在海關代管事項如何劃清，中央航政局與地方之權
限亦宜明白劃定，應請行政院先行解決再送審議請提交
大會公決，復於十九年五月三十一日本院第九十三次會
議議決審查報告通過，咨准行政院將航政局組織條例
草案照政務處簽註修改並交通部意見書送院審議，又於
十九年七月十二日本院第一百次會議議決付法制委員會
同委員會馬寅初、衛挺生、陳長蘅、吳尚鷹、傅秉常
審查。

（十七）核議提高各縣局長資格並同時提高縣長資格
　　　　地位案
　　　本案係國民政府令交本院核議，當於十九年七月
十九日本院第一百零一次會議議決付委員焦易堂、王用
賓、衛挺生、孫鏡亞、羅鼎，依據本院第九十一次會議
討論事項第二案之議決起草關於縣長法規時併案核議。

（十八）審議行政院咨請制定公務員保障法案
　　　本案當於十九年七月十九日本院第一百零一次會
議議決付法制委員會會同自治法起草委員會核議。

（十九）中央政治會議交本院修正反革命治罪法第六
　　　　第七條案
　　　本案當於十九年七月二十六日本院第一百零二次
會議議決付法制委員會審查。

（二十）　本院法制委員會提議儲金匯業總局章程應請
　　　　　行政院咨送本院審查案

　　本案當於十九年七月二十六日本院第一百零二次會
議議決照法制委員會提議通過錄案，咨准行政院抄送交
通部郵政儲金匯業總局章程前來，即經發由本院祕書
處函交法制委員會，旋准中央政治會議函開本會議第
二四三次會議關於郵政儲金匯兌各項法規關係國民經
濟、國家財政及一切實業建設至為重大，經決議交王委
員伯羣擬具原則草案送法律、經濟、財政三組審查，當
由王委員伯羣擬具郵政儲金匯業總局組織原則草案、郵
政儲金法原則草案、郵政國內匯兌法原則草案三種送
會，復經第二四六次會議決議交立法院錄案函院查照辦
理等因，復經令行法制委員會查照。

（二十一）　審議考試法施行細則典試規程襄理考試條
　　　　　　例監試條例各草案案

　　此四案係國民政府交議由文官處函達查照，當於
十九年八月二日本院第一百零三次會議議決以上四案付
法制委員會審查。

（二十二）　國民政府第八十八次國務會議關於中央政治
　　　　　　會議函請轉飭立法院依據國民政府主計處組
　　　　　　織方案起草組織條例一案決議轉飭立法院
　　　　　　辦理案

　　本案當於十九年八月十六日本院第一百零五次會議
議決付財政委員會起草。

（二十三）　國民政府第八十八次國務會議關於中央政
　　　　　　治會議第二三八次會議通過首都反省院條
　　　　　　例函請查照案決議交立法院案

　　本案當於十九年八月十六日本院第一百零五次會議
議決付法制委員會審查。

（二十四）　審議考試覆核條例草案案

　　本案係國民政府令行審核，當於十九年八月二十三
日本院第一百零六次會議議決付法制委員會審查。

（二十五）　行政院咨催制定土地法施行法案

　　本案當於十九年八月二十三日本院第一百零六次會
議議決付土地法起草委員會審查。

（二十六）　審議船舶登記法草案及船舶法草案案

　　此兩案係行政院送議，當於十九年四月五日本院第
八十三次會議議決以上兩案付法制委員會會同軍事委員
會、商法起草委員會與本院第七十九次會議討論事項第
四案合併審查，厥後除第七十九次會議討論事項第四案
即航海避碰章程草案案，業於第九十六次會議議結外，
其關於船舶登記法草案及船舶法草案兩案嗣據報告審查
完畢，復於十九年九月二十日本院第一百一十次會議議
決再付原審查委員會會同起草海商法委員審查。

（二十七） 本院法制委員會提議修正法規制定標準法案

　　本案當於十九年九月二十七日本院第一百一十一次會議議決付法制委員會審查。

（二十八） 河海航行員考試條例草案案

　　本案係國民政府第九十六次國務會議決議交立法院，由文官處函達查照，當於十九年十月十一日本院第一百十三次會議議決付法制委員會會同委員魏懷審查。

（二十九） 審議要塞地帶法草案案

　　本案係國民政府批交立法院，由文官處函達查照，當於十九年八月二日本院第一百零三次會議議決付軍事委員會審查，嗣據報告審查完畢，復於十九年九月二十日本院第一百一十次會議議決再付原審查委員會會同委員羅鼎審查，續據報告審查結果，由參謀本部代表林自新、軍政部代表孔繁經列席說明，要塞為國防之重要設備，在國防會議未開，是項大計未決之前，法雖訂成，實行則尚有待，然為目前之要塞砲台等計，似不能不訂定法律以資適用，究應一法兩用抑或分別釐定，當俟各委員公決等語。經各委員詳細討論，僉以沿海要塞與沿江要塞及各地砲台不僅性質有異，即區域廣狹亦殊，一法兩用事難通行，似應分別審訂，以免削足適履之嫌，結果議決要塞區域法另提修正案，並補訂保壘法，均交由參謀本部會同軍政部起草再送本院核議，是否有當，請提交大會公決前來。又於十九年十月十一日本院第一百一十三次會議議決照審查報告通過，即日錄案呈請

國民政府令行參謀本部暨軍政部會同起草要塞區域法及保壘法再送本院核議。

（三十）起草出版條例案

　　本案由中央政治會議第一百九十一次會議通過出版條例原則錄案檢同出版條例原則函送本院查照，當經本院於十八年八月二十三日交法制委員會查照起草。

（三十一）　中央訓練部函准交通部函以現行工會法不適用於本法第三條所列舉之各種事業請另定工會法案

　　本案由中央訓練部函送本院審議，於十八年十二月三十日交勞工法起草委員會核議。

（三十二）　合作社法案

　　本案先准行政院咨據工商部擬具消費者合作社法草案咨送本院審查，經本院第十一次會議議決緩議，嗣准中央執行委員會祕書處函以浙江省黨部執行委員會據鄞縣執行委員會呈請轉咨國府頒布合作社法一案，奉批交立法院，函達本院查照，當於十八年十月十一日交經濟委員會樓委員桐孫審查，復於十九年一月十三日再令樓委員起草。

（三十三）　起草銀行法

　　本案於十九年三月二十五日交商法起草委員會起草。

（三十四）　起草破產法案

　　本案於十九年三月二十五日交委員羅鼎、劉克儁起草。

（三十五）　起草特許法

　　本案於十九年三月二十六日交經濟委員會起草。

（三十六）　審查工廠法施行法草案案

　　本案由行政院咨送本院審議，經於十九年九月九日交勞工法起草委員會審查。

（三十七）　起草狩獵法案

　　中央執行委員會據南京市特別市執行委員會呈請修正狩獵法，當經常務委員批交立法院，由中央執行委員會祕書處函達查照，即於十九年九月五日交法制委員會查核辦理在案，嗣由軍政、外交兩部擬具外人攜帶自衛槍彈報運進口辦法呈請行政院轉呈國民政府鑒核施行，當經行政院據情轉呈，並經國民政府第九十三次國務會議議決狩獵法交立法院，即由文官處錄案函達查照，又於十九年九月十六日交法制委員會併案核議。

（三十八）　起草保障新聞事業條例集

　　本案由中央宣傳部函請制定，當經於十九年九月二十六日令交法制委員會查照辦理。

（三十九） 解釋修正工商同業公會第十四條條文案

　　本案由行政院咨送本院核議，當經於十九年九月二十九日交商法起草委員會核明具復。

（四十） 關於各機關實行新頒文官俸給條例並限制類似津貼之特別給予案

　　本案准國民政府文官處奉批分函本院及行政院辦理，當經於十九年十月三日令法制委員會、財政委員會查照辦理。

（四十一） 衛戍司令部組織條例關於經理處部分之組織案

　　本案准國民政府文官處奉批函送核議，當於十九年十月十一日交軍事委員會會同整理法規委員會核議具復。

（四十二） 核議提取各地工廠商店營業溢利項下以補助工人子弟教育及工人宿舍建築費案

　　本案係由全國訓練部議決，經中央訓練部呈准中央執行委員會移送本院辦理，當經於十九年十月十三日本院交勞工法起草委員會核議。

（四十三） 農會法案

　　本案先於十八年四月十三日准行政院咨第七二號據農鑛部依照本院整理現行法規案之決議呈送法規五種轉咨本院整理，當依本院議事規則第十四條之規定交法制委員會會同土地法起草委員會、漁業漁會法起草委員

會及其他有關係委員會審查，嗣由戴顧問擬就關於農會
之意見書，當奉院長批由祕書處函交經濟委員會研究起
草提出原則，旋准中央訓練部函請關於農人團體組織法
規從速制定頒行，當查照戴顧問擬就農會之意見批交經
濟委員會研究起草一案，交經濟委員會查照辦理。近查
行政院咨送農鑛部所呈五種法規中之農會條例，經由法
制委員會移送整理法規委員會，復由整理法規委員會送
回法制委員會，再經法制委員會交陳肇英、孫鏡亞、羅
鼎三委員審查，而經濟委員會對於批交研究起草之農
會意見亦經推定委員張志韓起草，嗣經令行兩會會同
辦理。

丑、預算案

現在各委員會審查中者，有下列各預算案。

（一）民國十九年北寧鐵路機車設備短期庫券條例案

北寧鐵路因設備機車擬分期發短期庫券條例，由
行政院先後咨送本院審議，當經十九年八月一日又於十
九年九月十九日先後交財政委員會審議具報。

寅、條約案

現在各委員會審查中者，有下列各條約案。

（一）審議中波友好通商條約航海條約附加議定書及
　　　批准書案

本案係國民政府第八十六次會議議決交立法院，由

文官處函達查照，當於十九年八月二日本院第一百零三次會議議決付外交委員會審查。

（二）審議國際電報業務規則案

本案係國民政府第九十次國務會議決議交立法院，由文官處函達查照，當於十九年九月二十日本院第一百一十次會議議決付外交委員會審查。

（三）審議中美公斷條約案

本案係國民政府第九十三次國務會議決議交立法院，由文官處函達查照，當於十九年九月二十日本院第一百一十次會議議決付外交委員會審查。

乙、統計工作

本院統計工作就現在繼續進行中者，分為下列各項，報告如左。

（一）籌備全國農業總查

總查之目的在調查詳細真確之數，作吾國經濟建設及地方自治之基礎，其辦理手續則與農鑛、內政二部會同省縣政府合作詳細調查每家農務之實情。至於調查方法，則清查與估計同時並用，以資比較，先在江寧縣為之試驗，結果頗好，茲與浙江省政府商定明年在浙江先期舉行總查，作為全國總查之準備，同時藉得總查之經驗以減少全國總查之困難。

（二）人口生死登記

　　戶口調查手續至為繁重，此項調查只能定數年舉辦一次，而平時關於人口之增減，有生死登記亦可補充其不足，至各大都市每月戶口之增減及每月出生與死亡之數，早已與各大都市公安、衛生兩局接洽，按月將上列數字以劃一之格式按月分別填報。已編製十七年首都、北平、上海、天津、漢口、廣州、杭州等七市之戶口變動與生死統計在前，現又繼續編製十八年之各市戶口變動統計並計算各市之出生與死亡率。

（三）物價調查

　　勞工家庭之收入與支出，除經已調查外，再就關重要商埠調查人民日用必須品之價格，於本京、上海、北平三處每月調查零售物價一次，每次調查數區，皆擇工人較多之區舉行，之前曾編製十七年之物價表，現仍繼續進行編製十八年之物價表，一俟數累積即著手編製指數。

（四）北平工資調查

　　關於此項調查，二年以來已蒐集材料不少，現在從事整理並編製指數。

（五）工業統計

　　此項工作除從前已調查之無錫工廠與武漢工廠，及利用舊經濟討論處所已蒐集他處若干材料外，繼續調查廣州及順德工廠，分為下列十八種：

（1）絲廠（2）土布廠（3）絲襪廠（4）織造廠

（5）織衫廠（6）毛巾廠（7）汽水廠（8）電氣製造廠

（9）機器造製廠（10）製紙廠（11）碾米廠

（12）製膠廠（13）製油廠（14）煉乳廠（15）製皂廠

（16）電力製造廠（17）印務局（18）火柴廠

上列各種工廠早已調查完畢，共有一百六十六家，現從事整理中。

（六）財政統計

關於財政統計，計製有兩種調查表，分別郵寄於地方政府機關與地方人民團體或個人，以便互相有所核對，現已填寫寄回此表者約有五百餘縣，除河北、河南、山西、陝西、甘肅、寧夏、青海、察哈爾、綏遠等省前因種種障礙未郵寄上列調查表外，刻下正在補寄並按省配付。至於此項調查表業經寄回而略為整理者為吉林、山東、江西等省，正在從事整理者為江蘇、湖北、浙江、遼寧及廣東等省，尚未整理者為其他省份。

此外關於合作社組織之調查及其參考書之徵集，以備起草合作法之參考，又關於全國官俸之調查，以備法制委員會參考之用，皆為現在進行中之工作也。

丙、編譯工作

本院編譯工作現在進行中者，計翻譯中之外國法規及書籍屬於英文者二十三種、屬於法文者十種、屬於德文者七種、屬於日文者十一種，茲將現在工作列表於左。

子、正在翻譯中之外國法規及書籍

英文

書名	翻譯方法
國際聯盟勞工協定	譯成中文
美國政治的工作	譯成中文
英國政治概論	譯成中文
美國創製權複決權及罷免權	譯成中文
國際勞工局一九二九年商船裝卸貨物工人防險報告	譯成中文
美國工人撫卹之研究	譯成中文
英國漁業法	譯成中文
印度合作社條例詮釋	譯成中文
印度合作社條例及原理	譯成中文
領海漁權原始	譯成中文
鄉村教育學	譯成中文
美國國家銀行條例及其修正與增補之條例	譯成中文
美國鄉村社會富源指南	譯成中文
鄉村法	譯成中文
普通銀行條例草案	譯成中文
財政歲計會計國庫監督及審計之法律草案	譯成中文
英國破產法	譯成中文
西班牙勞工法	譯成中文
印度塩稅處簡要說明書	譯成中文
現代幣制改革	譯成中文
紐約城市法	譯成中文
鄉村社會學	譯成中文

法文

書名	翻譯方法
法國憲法	譯成中文
奧國民法之修訂	譯成中文
比國行政法	譯成中文
法國民法財產篇	譯成中文
法國民法典人篇	譯成中文
法國自治法	譯成中文
法國牌照法	譯成中文
比較繼承法	譯成中文
法國民法典第一卷	譯成中文
法國民法物篇	譯成中文

德文

書名	翻譯方法
德國不動產抵押銀行法	譯成中文
立憲的工廠	譯成中文
社會主義共產主義和無政府主義	譯成中文
平均地權的實際政策	譯成中文
德國遺產繼承法	譯成中文
德國團體稅法	譯成中文
營業稅法	譯成中文

日本

書名	翻譯方法
日本地方自治制要義	譯成中文
現代產業叢書共六卷　內第一卷農業鑛業編	譯成中文
現代經濟學全集共十五卷 內經濟原論　經濟總論　歐洲經濟史	譯成中文
日本各種合作社法	譯成中文
日本噸稅法暨施行規則	譯成中文
朝鮮噸稅令暨施行規則	譯成中文
台灣噸稅規則暨施行細則	譯成中文

三、未來工作

甲、立法工作

　　本院立法工作屬於過去及現在者已如上述。至關於立法規劃，前於十八年七月二十一日遵奉國民政府訓令第六一三號編製訓政時期立法工作分配年表並附說明書，呈由國民政府轉送中央政治會議在案，此後應按照此項年表完成各種法律，並隨時適應時間、空間及事實上之需要，依照孫總理所詔示我人之三民主義、五權憲法最高的立法原則，從事於各種法律之起草。除業已完成者已在過去工作中述明者，茲再分為下列各項報告之，如左。

子、編纂法典

法典之編纂，可分為下列各項報告之，如左。

（一）民法

民法部分，起草完成並呈奉國民政府公布者有第一編總則、第二編債、第三編物權及上列各編之施行法外，尚有親屬、繼承兩編，此兩編與我國固有之倫理道德及特殊之民族性有深切之關係，尤須力求貫澈本黨之主義與政策，應於如何限界內保有我國固有之民族性，於如何限界內向現代新事實、新學理迎頭趕上去，自應有深切之檢討。故彙集我國各省之習慣，比較各國立法例而折衷於先總理之遺教，其應先行解決之問題，業於十九年七月二十三日奉政治會議決定頒發到院，即依據上列問題之解答案則，根據上列中央政治會議所頒發之原則從事起草。現在已起草完竣，再行審查，並於各條附加說明，務於最短期間提會議決呈候公布。至於親屬、繼承兩編完成後，即著手起草與民法各編有關係之各種法規，如民法親屬編之施行法、繼承編之施行法等，此外則起草法律適用法，以資解決中外法律適用之衝突，並就民法全部草擬詳細說明書。

（二）商法

關於商法之編纂，依照政治會議民商訂為統一法典，未能合一者則採取單行法形式分別訂立法規，其業經起草完成者有票據法、公司法、海商法、保險法、票據法施行法。除公司法中關於保證有限公司一章依照政

治會議決議暫行保留，另定單行法外，商法部份大體已告完成。其他商事法規起草完成者有商會法、工商同業公會法，其審查修正完畢者有交易所法、商標法，均經議決呈奉公布在案。至於現在起草中之商事法規有普通銀行法，有儲蓄銀行法及破產法，務於長短期內完之。

（三）土地法

土地法之起草本諸政治會議頒發之原則，廣徵各省成規，博採他國法典，參酌衡量，詳慎擬定，為時一載有餘始克告成，並倣民法法典編纂分編之體制，分為土地法、土地使用法、土地徵收法、地價稅法、土地登記法五編，業經議決呈奉公布在案，至於土地法施行法因地方實際需要各有異同，自應參酌事實再行起草，以備土地法之實施。

（四）勞工法

我國為產業落後之國家，只有大貧小貧之分，而無勞資階級之對立，受外國資本之壓迫，而非受國內資本之榨取。考察勞工狀況，不覺感覺失業之困，尤備受無業之苦，不獨感覺勞工疲敝，尤感覺產業之凋殘。故我國之勞工問題非資本積集獨占之問題，實為整個社會經濟破產的問題也。所以我國勞工立法當具有解決整個社會經濟破產問題意義，自應本諸三民主義最高的立法原則，並於各個法案本諸政治會議頒行之原則，適應事實之需要，而從事起草。至關於勞工法之編製，採用單行法形式分別訂立，以冀富於彈力性，俾便於將來適應

新事實之需要而易於修改。計已完成者有工廠法、工會
法及團體協約法，經審查修正者有勞資爭議處理法，已
經起草完畢現在審查中者有職業介紹法、勞動保險法，
規劃起草中者有勞動契約法、勞動行政法等。

（五）自治法

　　在訓政時期工作當中，首要完成各地方自治，使
其具備三民主義的政治集團之組織與經濟集團之組織，
然此組織之完成尤待於法規之制定。故本院成立以來，
關於自治法部分依照建國大綱及第三次全國代表大會關
於自治之決議案從事起草，以訓政之開始，應協助人民
籌備自治，訓練人民使用四權，然訓練之方法自應多予
人民行使政權之機會，對於自治行政尤須予以廣大之範
圍，使得有充分適當之發展，所以積極草擬鄉鎮自治施
行法、區自治施行法、縣組織法、縣組織法施行法，並
修正市組織法，均經完成，並經提會議決呈奉公布在
案。就中縣組織法、區自治施行法、鄉鎮自治施行法尚
須因應事實上之需要，有修改之必要，復經修正縣組織
法第六條、第七條、第四十條、第四十三條，修正區自
治施行法第十七條、第十九條、第二十條、第二十六
條、第三十八條、第六十四條、第六十五條，修正鄉
鎮自治施行法第十四條、第十五條、第二十一條、第
六十二條各條條文，並擬就鄉鎮坊自治職員選舉及罷免
法，亦均先後議決呈奉公布在案。上列各法規固屬籌備
自治訓練人民所資準據的法規，亦即當訓政時期人民依
據之而行使政權的法規也。至如縣自治法、市自治法、

省自治法（或省組織法），現在再就學理事實互相參照，並徵諸以前所制定之自治法規，其施行後之情況，按之事實，準諸學理，折衷於本黨主義，從事起草焉。此外如戶籍法，固與親屬繼承法有連帶關係，應俟親屬法、繼承法制定再從事起草。

　　除上列法典外，民事訴訟法亦已完成，其內容計分五編：第一編總則、第二編第一審程序、第三編上訴審程序、第四編再審程序、第五編特別訴訟程序。至關於人事訴訟部分，其編別章次俟民法親屬、繼承兩編制定後再行審議，於本院十九年九月十三日第一百零六次會議議決呈奉國民政府第十次國務會議通過指令知照。此法典之編纂情形也。

丑、財政立法之規劃

　　關於財政立法之規劃，現擬起草者計有下列各項：

（一）起草各種稅法。

（二）依照公債法原則起草公債法。

（三）起草財務行政法。

（四）草擬中央與各級地方收入系統劃分之法制。

（五）草擬中央與各級地方支出系統劃分之法制。

（六）整理其他財政各法規。

寅、經濟立法之規劃

　　經濟立法的範圍極形浩博，除地方自治實行法及建國大綱第十一條、第十二條所詔示吾人於訓政時期應

行制定之法規，業經編列訓政時期立法工作年表外，其他關於經濟範圍的立法，自應隨時適應事實之需要而為之制定。至於現在起草或審查中者，計有森林法、特許法、合作社法、農會法原則草案。

卯、軍事立法之規劃

軍事立法之規劃，均本總理關於軍事演講之遺訓及根據本黨與國民政府歷次發布軍事之方案與政策，以之確定軍事立法範圍而制定各種軍事法規。現規劃起草中者計有下列各法規：

（一）徵兵法

（二）各種動員法

（三）關於軍需各種法規

（四）關於兵工各種法規

辰、現行法規之整理

本院以現行法規輒有在軍政訓期因適應或事實上之需要而制定者，間或因剷宜而頒行者，不革其因襲、釐其錯雜，無以適應訓政時期之需要，故於十八年一月二十九日第十次會議有整理現行法規之議決也。即依此議決，指定委員分類整理，計應待整理之各項案卷凡三十二宗，除業經失效或無須經立法程序整理者外，現經委員會審查完畢者計有下列各案：

（一）各省縣舉士條例

（二）鑛稅暫行條例

（三）教科圖書審查條例

（四）管理留學生事務規程

（五）修正大學區組織條例

（六）教育會條例

　　一俟其他各法審查完畢，即行彙同提會討論。

乙、統計規劃

　　本院統計工作，其過去工作與現在進行中之工作既如上述，此後應有如何之規畫，茲分別報告於左。

（一）關於全國農業之總查

　　全國農業之調查，其計劃已呈准國民政府照辦，對於此計劃之實施於最近一年當中須籌備二事：

（1）先擇數省，每省擇一縣按計劃實行調查，以資練習，若能選定一省將全省完全調查則更佳，此全視經費是否充足而定。

（2）在交通不便及度量衡不統一之省分，研究如何調查方法，減少實行調查時之困難。

（二）關於農產之預測

　　此項農產之預測在過去一年半當中之經驗，感覺有兩種困難。如委託各該地農民之報告員，其智識、經驗兩皆缺乏，此後須加以訓練，其缺乏報告員之地方，亦設法增加，現在積極進行中。又全國農產情形之預測，須於全國農產數量有相當之統計作根據，此種統計我國向來缺乏。現在關於農業概況之調查略有結果後，以後此項統計更加完整，以供農產預測之根據。

（三）關於各省農業概況之調查

此項之調查，其蒐集所得材料除積極整理發表外，其尚未得有報告者仍繼續函催，務使於最短期間報告齊全。

（四）關於農產價格及農產之調查

農產價格調查按月統計發表，此後仍繼續進行，並於將來須擴充其範圍。至於農產調查，俟將來經費稍裕時，亦須積極完成其工作，以資考證。

（五）全國戶口統計

各省戶口調查辦法暨法規，搜羅種種分析比較則知辦法頗不一致，所得細數如年齡分配、職業種類等，每苦不能同時比較，現擬定劃一表格以備全國之採用。又最近戶口清查之省分既不完全，總數勢不難離推測。調查戶口實數誠為當務之急，而人口似須舉行總查方法有確實之統計，惟第一次戶口清查所列事項貴少而不取乎繁複，庶得戶口總數、男女比例、年齡分配、生產率與死亡率等事項有正確之統計。

（六）物價調查

本院定期調查之各地物價隨日而增，此項材料利用之方，編製物價指數之外，又可充生活指數編製時之需用，查上海、北平已有生活指數編製之舉，首都方面尚付缺如，現擬於最短時期中調查首都市民之家庭預算，以為編製生活費指數之準備。

（七）編印國內貿易專刊

　　國內貿易歷年之全數量後，價值若能蒐集齊全成為專刊，足使國人知國內商業之實在情形，知所警惕而策其奮發，以期與泰東西各國國內商業並駕齊驅，故對於海關所管理之國內貿易先編製如下十種表：

（1）近二十五年經過中國海關國內土貨貿易價值指數表

（2）近二十五年海關貿易洋貨由通商口岸進口總價值指數表

（3）近二十五年海關貿易洋貨往復通商口岸總價值指數表

（4）近二十五年海關兼轄常關由各口進口貿易總價值指數表

（5）海關兼轄常關出口往各口貿易總價值指數表

（6）近二十五年洋貨入內地（用子口單）貿易價值及土貨出內地（用三聯單）貿易價值指數表

（7）近二十五年中國海關沿海貿易各口進出口船隻噸數及具指數表

（8）近二十五年往國內通商口岸土貨出口稅及復進口稅之指數表

（9）近二十五年內地子口稅指數表

（10）近三年六主要海關大宗土貨進出口貨物表

　　此外對於各鐵路所運輸之貨物，擬編製下列十三種表：

（1）近三年東省鐵路貨運統計表

（2）近三年北寧鐵路貨運統計表

（3）近三年四洮鐵路貨運統計表

（4）近三年吉長鐵路貨運統計表

（5）近三年道清鐵路貨運統計表

（6）近三年膠濟鐵路貨運統計表

（7）粵漢鐵路（湘鄂段）貨運統計表

（8）近三年滬杭甬鐵路貨運統計表

（9）京滬鐵路貨運統計表

（10）　平漢鐵路十七年貨運統計表

（11）　平綏鐵路十三十四兩年貨運統計表

（12）　近三年廣九鐵路貨運統計表

（13）　近三年南潯鐵路貨運統計表

（最後兩種表僅分為農產品、禽畜品、礦產品、森林產品、製造品及其他名類）

　　除上列各表外，至於其他鐵路之貨運統計及他種貿易之材料，一俟集得則可完成此種專刊。

（八）工商業總查

　　我國為工商落後之國家，疊受帝國主義之經濟壓迫，公私交困，工商疲斃，成為整個中國經濟破產的問題，對於各地工商業倘不有詳細普遍的總查，則對於工商業資本欲定之總數與已繳之總數、各種公業組織之總數、各種原料品每年須用之總數量與總價值、各種製造品每年消費之數量與總價值、工人總數、工資總數、市場之狀況及其他與此相關之問題，皆不容易解決，故應設法總查以為籌維國計民生，抵禦外資侵略之事實根據。顧其調查方法，倘於各地方同時調查較易蕆事，但須廣羅專門人才，籌集大宗款項，一時不易為功。又如各地方

不同時調查，對於各通商口岸之工商業先行調查，次及交通比較的便利之內地，漸及於交通不便利之內地，雖稍需時日，但需人不多，而需款亦不鉅，用此方法似易於舉行也。

（九）籌備刊印統計年鑑

現所蒐集各機關之統計材料，數量雖屬不少，然而甚為龐雜，且基本統計如人口、土地與主要農工林鑛產品之數量，皆無真確完全之紀錄，尚有待於全國人口產業總查以補其缺，故刊印年鑑，一時尚難進行，但彙集材料之工作則繼續未綴耳。

丙、編譯工作

本院編譯工作，其過去與現在進行中者既如上文所述。至於將來規劃翻譯之書籍，可分為下列三類：

（一）繼續編輯本國法規。

（二）擬譯成各外國文之本國法規，計有下列十八種：

（1）中華民國民法　　（2）中華民國刑法

（3）中華民國土地法　　（4）中華民國票據

（5）中華民國工廠法　　（6）中華民國保險法

（7）中華民國交易所法　（8）中華民國海商法

（9）中華民國漁會法　　（10）中華民國漁業法

（11）中華民國工會法　　（12）中華民國商會法

（13）中華民國工商同業公會法

（14）中華民國度量衡法　（15）中華民國縣組織法

（16）中華民國考試法　　（17）中華民國禁煙法

（18）中華民國陸海空軍刑法

（三）擬譯成中文之外國法規及書籍，計屬於英文者十
　　一種、屬於法文者十四種、屬於德文者五種、屬
　　於日文者七種，茲列表於左。

子、擬譯成中文之外國法規及書籍

英文

書名	翻譯方法
國際聯盟叢刊	譯成中文
國際法全集	譯成中文
美國政治全集	譯成中文
各國勞働立法	譯成中文
國際勞工局彙刊	譯成中文
各國土地法	譯成中文
大戰前後之歐洲經濟問題	譯成中文
都市社會	譯成中文
工廠法	譯成中文
工資與國家	譯成中文
同代經濟思想	譯成中文

法文

書名	翻譯方法
法國工廠法	譯成中文
國際公法	譯成中文
法國財政法	譯成中文
一九二六年外國法制年刊	譯成中文
支票	譯成中文
法國刑法	譯成中文
法國刑法典及刑事訴訟法典	譯成中文
貨幣與匯兌	譯成中文
國際私法	譯成中文
法國商法典	譯成中文
治外法權	譯成中文
法國海商法	譯成中文
法國海上法	譯成中文
法國勞工法	譯成中文

德文

書名	翻譯方法
社會學的體系	譯成中文
移殖合作社	譯成中文
煤礦的國有化	譯成中文
無產階級的社會主義	譯成中文
農業政策	譯成中文

日文

書名	翻譯方法
現代法學全集共廿四卷	譯成中文
日本修正工廠法論	譯成中文
現代產業叢書全部	譯成中文
現代經濟學全集全部	譯成中文
經濟政策要論	譯成中文
中國財政論	譯成中文
中國勞工運動	譯成中文

　　本院之立法、統計、編譯工作，其過去與現在之進行情形及未來規劃，既分別門類逐案分述於左，就上列審議各案屬於中國國民黨第三屆中央執行委員會第二次全體會議議決關於立法範圍者由政治會議或國民政府發交審議，已由上文立法工作中逐案分別說明。例如依據二中全會之議決限於民國十九年依照縣組織法完成縣組織，則於對完成縣組織之準據法規積極從事制定，計有區自治施行法、鄉鎮自治施行法、鄉鎮坊自治職員選舉及罷免法等。又根據二中全會關於行政統屬案之議決而為海軍部、陸軍部、交通部組織法等之修正也。又如三中全會政治、經濟兩組審查各項建議案與立法院有關係之各項建議書，奉國民政府抄發到院，則按各案性質分別交各委員會辦理，計有下列各案。

（一）上海特別市政府建議請中央通令各地舉辦儲蓄
　　　勞工保險並制定有關之各項法規案

　　本案以勞工保險部分，本院前於造送三中全會報
告書中對於勞工法典之起草業有此項規劃，此節應交勞
工法起草委員會查照，其勞工儲蓄部分應如何擬訂法規
以利推行，應交勞工法起草委員會核議具復，即經令交
勞工法起草委員會核議具報，嗣據勞工法起草委員會具
報以勞工保險法業經起草完竣，俟審查後即可提會公
決。至勞工儲蓄在勞工保險及合作社法中皆可為勞工訂
定儲蓄專條，且郵政儲金及銀行儲蓄亦可為勞工謀儲蓄
之計，似可不必另訂專條，經本院第八十八次會議議決
照審查報告通過。

（二）整理吏治案

　　原建議書第一、第二兩款屬於考選及銓敘事項，
第三、第四兩款屬於考績事項，第五至第八數款屬於懲
戒事項，關於以上各法規本院業經議決者有考試法、公
務員任用條例、現任公務員甄別審查條例、考績法、彈
劾法等，並關於法制委員會核議河北省政府電請將官吏
違法犯贓在五十元以上者實行槍決一案，其審查報告稱
官吏違法犯贓之處分，刑法瀆職罪章已有明白規定，認
為此案礙難成立，提出本院第十八次會議議決通過，又
據法制委員會報告審查瀆職及侵佔特別治罪法案，認為
公務員瀆職及侵佔罪，刑法定有專章，不必另行規定，
倘中央政治會議認為有另定特別法之必要，應改為懲治
貪官污吏暫行法與懲治土豪劣紳條例同為一種特別法等

語，亦經本院第二十九次會議議決照審查報告通過。再本院第四十二次會議核議規定，軍政服務人員獎勵條例及保障法一案，僉以關於軍政服務人員獎罰保障應分別規定於懲戒法、銓敘法、保障法中，無須另定章程，倘各機關有特別情形須制定章程以為服務人員之獎罰保障，可逕行制定，無須經立法程序，當即議決不成立各在案。總上各案關於整理吏治的準據法規，已制定有相當之法文，再應如何擬定以資整理吏治之處，當經發交法制委員會核議具報，現尚審查中。

（三）積極推行農村合作事業並應制定保障法案

本院對於合作事業業經指定委員樓桐孫起草合作社法，即交樓委員查照辦理。

（四）實行移民實邊以救失業人民而固國防案

本案關於移民實邊救濟失業人民事項，屬於經濟範圍，鞏固國防肅清邊境，又屬軍事範圍，應如何擬定法規，應交經濟、軍事兩委員會會同辦理，即經令仰遵照嗣於本院第一百一十五次會議具報審查經過情形，當即加派委員焦易堂、張鳳九、陳長蘅、王用賓會同辦理。

以上各節關於三中全會後三中全會議決各案，屬於立法範圍事項經政治會議或國民政府發交本院辦理之經過情形也。其中由政治會議或國民政府陸續發交辦理者，逐案分述於上文立法工作中，茲不贅述。至於上列立法工作過去工作合計八十六案，內分法律案七十件、

預算案七件、條約案五件及其他議決案四件，現在審查中者四十七件，內分法律案四十三件、預算案一件、條約案三件，現在起草中者計有民法親屬繼承兩編、法律適用法、特許法、破產法、出版條例、土地法施行法、銀行法、合作社法、職業介紹法、勞動保險法、勞動行政法、勞動契約法、農會法、森林法、漁獵法、塩法、戶籍法、強制執行法等，其他擬於將來起草之法規則按照上列立法未來工作中所載規劃陸續起草。惟本院審議及起草各法案，輒經各委員會一度審查或起草，則各委員會之工作已包括於立法工作內詳為報告，故不另行列舉。至於統計編譯工作其過去與現在進行中者已如上文所述，其未來工作亦當按照未來工作中所列載之統計編譯規劃陸續實施。此外如祕書處之工作，依照本院組織法第八條之規定掌理文書、印信、會計、庶務等事項外，凡編製議事日程、編輯刊行公報、立法專刊暨整理紀錄、編訂議事錄均屬之，即按照事務之分配而為工作之進行，計自十九年三月至十月止，刊行公報由第十五期至第二十一期共六冊，彙輯十九年一月起至六月止所有本院議決之法規刊行立法專刊第三輯，由六月起至十二月止所有本院議決之法規現在陸續編輯中，其他如歷次工作報告之編輯、立法統計之製作、各種表冊之擬訂，凡茲種種，皆本院祕書處之工作概況也。

司法院報告書

　　按司法院組織法所直轄之機關凡四：曰司法行政部、曰最高法院、曰行政法院、曰官吏懲戒委員會。除行政法院暨官吏懲戒委員尚未成立外，司法行政部執掌全國法院及監所之行政事務，最高法院職掌全國民刑訴訟之審判事務，而以本院總其成。自本年三月至十月凡八閱月之間，雖以軍事之方殷，財力之不逮，關於改良擴充及建設諸端，未能悉照計劃尅期實現，而籌備進行未敢或怠。至於司法行政事務之整飭改善及訴訟案件之努力清理，亦有足述者。茲由司法行政部及最高法院分別造具工作報告各一份，冠以本院之工作報告，彙為一編，謹陳鑒核。

緒言

　　本院自民國十七年十一月組織成立以來，所有工作概況於十八年三月第三次全國代表大會開會之際曾經編呈報告，嗣於本年三月間第三屆中央執行委員會第三次全體會議開會時復就二中全會關於司法事項之決議案報告其進行狀況。茲值四中全會定於本年十一月間召集，本院最近工作自應繼續報告，自本年三月六日起至十月十五日止按工作事務之性質分為五款：曰收回法權、曰核訂法規、曰培植司法人才、曰審議法律問題、曰統一解釋法令，每款之下復別為目，分條敘述以便考查而以本院辦理各項事務之統計表附焉。此外如各省反省院之籌設，除浙江、廣東、安徽三省已報成立外，其

餘各省經本院令據司法行政部分別擬具籌備期限呈院轉陳中央黨部及國民政府備案，又如最高法院原設民事五庭、刑事二庭，近因案件日增，原有庭員不敷分配，呈請自本年九月起增設刑事第三庭，酌添庭長、推事、書記官各員額，業經本院令飭造具追加預算書依法送核，以及督飭擴充各省法院、監所情形，均已詳見司法行政部及最高法院工作報告內，不復贅述。至於研究黨義為一般公務員普及應行之事，本院曾制定司法院職員研究黨義細則，分組研究，隨時試驗，現仍繼續行之。

一、關於收回法權事項

（一）上海公共租界臨時法院之實行改組

關於上海公共租界內中國法院協定及換文，已於本年二月十七日在京簽字，並規定自本年四月一日起發生效力，其有效期間為三年，原有之臨時法院即於四月一日裁撤，另行改組。所有改組手續及改組後辦理事項擇要分述如下。

（甲）核定法院名稱

其初審法院定名為江蘇上海特區地方法院，其上訴法院定名為江蘇高等法院第二分院，惟為因地制宜起見，將該高等分院直隸於司法行政部，該地方法院直隸於該高等分院，經本院提出第六十五次國務會議決議照辦，並於三月五日呈奉國民政府令准施行。

（乙）核准監犯保釋辦法

上海公共租界監獄判處徒刑人犯，其恪守獄規、品行優良者，原有提前釋放成例，所有法院改組以後，

送監執行人犯自應依照現行監犯保釋條例辦理。惟在改組以前已在監執行者，暫准其沿用從前成例辦理，其女監收容之女犯並准其一體待遇，經本院於四月二十四日及五月十二日先後指令司法行政部轉飭遵照。

（二）上海法租界會審公廨之收回交涉

上海租界會審公廨之設，係因當初法國領事對於洋涇浜設官會審章程獨持異議，遂自設公廨會審案件，以視公共租界之會審公廨尤無根據，現關於公共租界前臨時法院業經收回改組，則法租界會審公廨之收回自應賡續交涉，經本院於本年三月七日函商外交部照會法國公使提議收回，八月間復由外交部照催法使早日商訂辦法，現正進行中。

（三）鼓浪嶼會審公堂之提議收回

福建廈門鼓浪嶼亦有會審公堂之設置，此項會審公堂之設置係根據前清光緒二十八年廈門鼓浪嶼公共地界章程第十二款規定，原係查照上海租界成案而設，現在上海租界內會審公廨或已實行改組或正進行交涉，則鼓浪嶼會審公堂自亦應援案收回，經本院於五月二日函請外交部提議，嗣准函復已令思明縣政府調查該會審公堂最近組織狀況，以便交涉。

（四）威海衛租借地收回後之籌設法院

威海衛租借地已於本年十月一日實行收回，該處在租借期內，英政府原設有司法機關，訴訟尚不甚繁，收

回以後自應設置正式法院以重法權，經本院令據司法行政部擬具辦法，定於威海衛設地方法院分院一所，以其距煙台較近，即隸屬於煙台之福山地方法院，名曰山東福山地方法院威海分院，其管轄區域與將來劃定之該處行政區域同。此項辦法本院於九月十九日提出第九十四次國務會議決議照准，並轉飭司法行政部遵照，嗣據呈報已派山東高等法院院長率同福山地方法院院長首席檢察官於十月一日赴威接收司法機關，威海分院即於是月六日成立。

（五）華洋訴訟管轄之過渡辦法及補充辦法

查洋原華被之訴訟案向來辦法，係以各省交涉署為上訴機關，自十八年年終交涉署一律裁撤，所有各該署受理之上訴案件應移交何項機關管轄，不可無一種過渡之辦法，經本院函商外交部後，於本年三月二十二日訓令司法行政部通飭各法院，凡各地交涉署受理未結及新發生之華洋上訴案件，一律改由就近之高等法院或其分院依普通訴訟法令受理。嗣本院對於華洋上訴案件及初審案件又補訂辦法如下：

（1）上訴案件其在各地交涉署裁撤前已受理未結者，概由高等法院或分院受理，如係地方法院管轄案件，並可再上訴至最高法院，其在交涉署裁撤後上訴者，分別照通常審級辦理，但初級管轄案件於本辦法通令到達前已由高等法院或分院受理者，仍繼續審理。

（2）初審案件自本年九月一日起，凡已設法院之縣一

律改由法院受理，其未設者仍暫由縣長受理，但
民事案件得依合意管轄之規定訴請法院受理。

以上辦法經本院於七月十五日令司法行政部通飭
遵照，並先後函請外交部照會各關係國公使查照。

（六）涉外案件之指示辦法

關於外人訴訟及登記事項，經本院指示辦法者分述
如下：

（甲）徵收外人訴訟費用

凡外國人為原告或其他當事人之民事訴訟，應依照
現行法令一律徵收訴訟費用，並令出具法定訴狀。

（乙）限制外商抵押權

外國商人不得在內地取得不動產之所有權，且查照
民法第八百七十三條第二項所定限制，凡抵押合同內關
於違反契約，得將所有權移屬於抵押權人之規定自屬無
效，惟如將合同更正，外商之權利僅屬單純抵押權時，
法院可因其聲請而為之登記。

（丙）受理外商登記訴訟之權限

外國商人既根據中國法律在中國管轄登記之公署為
不動產登記，關於此項登記訴訟，無論該登記人是否屬
於中國法院管轄，應由中國法院受理。

（丁）外國法人之訴訟資格

凡外國法人如係以營利為目的之社團，而未依我國
法令註冊取得法人資格者，自不能以法人名義起訴，但
依民法第五百五十五條得由經理人代表商號為原告或被
告或其他一切訴訟上行為，如係財團或以公益為目的之

社團，而有獨立財產者，在未經中國認許成立以前，應依民法總則施行法第十五條規定，以外國法人名義與他人為法律行為時，其行為人應負連帶責任。

（戊）外國公司註冊之手續

凡外國公司在公司法未施行以前，應依照公司條例、公司註冊暫行條例及其補充辦法，向註冊所註冊，經核准註冊後可認為取得法人資格。

（七）國際刑罰會議之派員參加

年來國際事業漸臻發達，各種專門會議日新月盛，其關於司法者則有國際刑法聯合會及國際刑罰會議等等。我國正謀實行撤廢領事裁判權，自當派員參加藉以宣傳國情。上年十月羅馬尼亞首都開第二屆國際刑法聯合會時，曾由本院提議派謝東發為中國政府代表參加會議，並將我國新刑法譯本分送各國代表。本年八月第十屆國際刑罰會議在捷克首都開會，邀請我國參加，其所列議題均係關於刑法及監獄管理之重要改良事項，復經本院會同立法院於四月間提經國務會議議決派立法院委員劉克儁為代表，並續經本院提議加派國立中央研究院犯罪調查主任嚴景耀為專門委員，先後遄赴捷克參加會議，俟得報告後再行彙核。

二、關於核訂法規事項

（一）法院組織法草案之擬議

我國法院制度歷年以來雖屢有變更，而組織尚欠完善，本院為謀澈底改革起見，曾於上年九月間起草法

院組織法一百二十三條，並臚舉立法原則十六項送請中央政治會議審核，至本年六月由中央政治會議將原則修正為十二項，於第二三一次會議決議通過。查修正原則之要點，於檢察制度則加以改善並擴張自訴之範圍，凡因犯罪而被害之個人以許自訴為原則，檢察官於自訴案件應協助之，其自訴人撤回起訴時，除告訴乃論之罪外，如認為應起訴者並擔當之審判，則改行三級制度以地方法院為法院之單位，上級為高等法院，再上級為最高法院，以三審為原則，二審為例外審判案件，地方法院取獨任制，高等法院為三人合議制，最高法院為五人合議制，各級法院均得設分院，不採巡迴審判制度，各級法院及分院院長均兼任推事職務。當經依據上開原則，復將法院組織法草案詳細修改，全部條文業經整理完竣。

（二）民事調解法施行規則之制定

民事調解法業經明令公布，其施行規則及施行日期依本法第十六條規定應由司法院定之。本院據此制定民事調解法施行規則十四條，如關於調解法院之範圍，調解人推舉之程序，代理人到場之效力，調解期限之計算方法等，均分別詳加規定，至施行日期則以事屬創辦，宜於未施行以前先使人民周知，即法院方面亦得從事籌備，故寬其時期，即於施行規則內規定自民國二十年一月一日施行。除此項規定已於本年六月三日以院令公布通飭遵照外，並於同月十四日呈奉國民政府指令備案。

（三）最高法院分院處理事務暫行辦法之擬訂

　　遼寧、山西等省所設之最高法院分院，已於本年二月間奉令在法院組織法制定施行以前准暫緩裁撤在案，而各該分院處理事務為統一法權起見，自須規定劃一辦法以資遵守，當經本院擬訂最高法院分院處理事務暫行辦法原則五項：

（1）凡各法院關於司法行政及民刑事件，應呈司法行政部核復或備案者，最高法院分院亦應照辦。

（2）狀紙、印紙等項須向司法行政部請領。

（3）不得受理非常上訴案件。

（4）法令疑義須向最高法院呈請解釋。

（5）判案須依照最高法院判例。

　　於二月十九日提出中央政治會議第二一七次會議決議通過後，訓令司法行政部按照原則，擬具詳細條款，於同月二十八日呈由本院指令核准分別飭遵。

（四）司法院特許私立法政學校設立規程之修正

　　上年十一月間奉令公布之司法院特許私立法政學校設立規程，曾經教育部提議修正，與本院迭次會商修改，並由本院提議同日公布之司法院監督國立大學法律科規程第二條亦有修正之處，均經本院擬具修正條文草案於本年三月七日會同行政院呈核，嗣於四月七日分別奉令修正公布。

（五）刑法及刑事訴訟法之預備修改

　　刑法及刑事訴訟法係於民國十七年間先後公布，

自施行以來似有應行修改之處。嗣十八年五月公布民法
總則，本年八月中央政治會議決議民法親屬編立法原
則，其中有涉及刑法條文者尤應修改。例如民法總則規
定滿二十歲為成年，又規定未成年人已結婚者有行為能
力，此項條文與刑法妨害家庭罪章和誘略誘罪有關，又
如民法親屬編原則對於親屬之分類及親等之計算方法均
已確定，此項原則與刑法內關於親屬親等之條文有關。
至於刑事訴訟法則因此次中央政治會議決議之法院組織
法原則，如檢察制度之改善，自訴範圍之擴張，審級制
度之變更，在在均與刑事訴訟法有密切關係，更有澈底
修正之必要。本院現已根據新立法例，著手為修改之準
備，此外有應加修正之處，亦當一一釐訂以期完密。

（六）懲治盜匪暫行條例之延長施行期間

　　懲治盜匪暫行條例之施行期間迭經延展，自十八年
十一月奉令延長六個月，計至本年五月瞬又屆滿。本院
以彼時各省軍事未定，伏莽滋多，體察情形，尚有再予
延長之必要，即於五月十四日提出中央政治會議決議，
自十九年五月十八日起再延長六個月，咨送國民政府明
令公布，並由本院通飭遵照。

（七）關於司法法規之審核

　　凡與司法事務有關之各項通行法規，由擬訂法規之
原官署送經本院審核者，彙列於左。
（甲）修正看守所暫行規則

　　看守所暫行規則，係民國十七年間前司法部所公

布，現據司法行政部加以修正，增習業一章，被告人情願作工者得許其學習工藝，並得酌給工資，又如懲罰之種類，每週羈押人數及遇有死亡，應行報告之手續均較前益加詳密，於本年五月十日呈經本院核准。

（乙）學習推事檢察官學習規則

各省地方法院多設有學習推事檢察官，實習審檢事務，以備任用。本年六月法官訓練所學員畢業，亦經分發各法院學習，亟須制定規則，俾資遵守。據司法行政部擬具學習推事檢察官學習規則，凡學習之期限、學習之方法、成績之考覈、長官之監督指導，均經詳細規定，於六月三十日呈經本院核准。

（丙）禁煙罰金充獎規則

關於禁煙罰金，在十八年八月間曾由禁煙委員會會同內政部、司法行政部制定充獎規則公布在案，自禁煙法施行規則於本年二月公布，復由禁煙委員會依據施行規則第二十二條規定修訂禁煙罰金充獎規則八條，呈由行政院咨送本院會核，其修改之點即在充獎罰金內提出二成撥充本地戒煙經費，於煙禁前途不無裨益，當經咨復贊同，並於六月二十一日會呈奉令照准。

（丁）改進蒙古司法辦法大綱

蒙古地方向無獨立之司法機關，多由盟旗公署行使司法權，而王公喇嘛又均沿習慣例受理，訴訟流弊滋多，亟待改善。本年五月中央舉行蒙古會議曾議決改進蒙古司法辦法大綱八條，由蒙藏委員會於本年十月間呈請行政院轉咨本院審核該大綱所定辦法，注意於司法獨立之精神，革除已往不良之習俗，消弭語文不同之隔

閣，減少人民訴訟之痛苦，大抵因地制宜尚屬可行，當經咨復行政院並請其主稿會呈。

三、關於培植司法人才事項

（一）廣東法官學校之改組

　　廣東法官學校係民國十三年總理在大元帥任內所創辦，歸廣東高等審檢兩廳直轄，專為培植司法人材之需，學員先後畢業者有二百九十餘人，成績尚稱優良。自上年六月間二中全會有司法行政機關或法院不得設類似法官養成所之教育機關之決議案，即經司法行政部轉飭遵照大學組織法改組為國立廣東法科學院，並派專員籌備，嗣據該部擬具改組計劃書呈核本院，以該校為總理手創且隸屬司法機關由來已久，歷史上實具有特殊情形，原計畫書所擬改組之後仍直隸於司法行政部，其經費由廣東省司法收入項下補助，聘任校長等事務由司法行政部辦理，咨教育部備案各節，尚屬可行，當經提出中央政治會議第二二七次會議決議通過，並於本年五月二十日奉國民政府訓令飭遵，即經轉令司法行政部遵照決議案實行改組，嗣據報已於本年七月二十一日改組就緒。

（二）東北司法班之核准立案

　　東北政務委員會在同澤新民儲才館內，於上年秋間添設司法班，招考學員百餘名，所有應考資格考試及修習科目均參照中央前法官訓練所章程辦理，定為一年半畢業，本年五月間電請先行立案，俟畢業後准以推檢任

用。本院以東北各省歷來法官不敷分派，尚具有特殊情
形，所辦司法班擬准先予立案，本屆畢業學員並准援照
中央法官訓練所畢業學員分發成案，以學習候補推檢分
發，於本年十月三日提出第九十六次國務會議決議暫准
立案，其畢業考試由中央派員舉行，即經本院分別轉行
遵照。

（三）法官訓練所之繼續辦理

　　司法行政部所辦之法官訓練所，其第一屆學員已於
本年六月畢業，共一百七十餘人，均經分發各省地方法
院實習，值茲積極推廣全國法院之際，自應繼續訓練
以備任用。嗣於本年八月間奉令會同考試院妥擬司法人
材甄用訓練辦法，經本院迭次會商結果，僉以為依照二
中全會振刷政治決議案第十四項但書所定，應以畢業大
學之學生且經考試合格之司法人員加以實際訓練，惟司
法官考試條例草案尚待公布施行，為應目前急需起見，
由考試院先行擬訂法官初試暫行條例呈請核准後，趕速
舉行法官考試，其考試及格者即作為法官初試及格人員
送入法官訓練所訓練，期滿畢業考試及格者以再試及格
論，已於九月二十七日會呈奉令照准，法官初試暫行條
例亦於十月七日奉令公布。甄錄試科目為國文、黨義，
初試筆試科目為國民政府組織法、民法、商事法規、刑
法、民事訴訟法、刑事訴訟法、行政法、國際公法，口
試科目為民法、刑法、民事訴訟法、刑事訴訟法。現已
於十月十九日起在首都及廣州、北平三處同時舉行法官
考試。

（四）國立大學法律科之實行監督

自司法院監督國立大學法律科規程奉令公布以後，迭據國立中山大學、國立中央大學呈送法律系課程編制各項表冊請予審核，當經本院依照規程詳加審查，於本年六月間分別批准備案。又依照同規程第十四條之規定，法律科學年考試應呈請司法院派員監試，該兩大學本年舉行此項考試時亦均遵照實行。

四、關於審議法律問題事項

凡涉及司法之各項法律問題，由各機關送請本院審議之案為數甚多，加以上海公共租界內新設立之法院組織伊始，百度更新，關係法權尤宜審慎，所有司法行政及適用法令各問題，均經本院隨時指示以應機宜。茲就各案之重要者，將其審議結果分別臚述於左，餘從略。

（一）適用法律問題
（甲）反革命案件適用陪審制度案

中央執行委員會第五十六次常會決議案內所稱葛建時等反革命嫌疑一案，應適用陪審制度者，係謂適用反革命案件陪審暫行法第三條之規定，指本案經上訴後於發回或發交更審時，應付陪審評議而言。

（乙）廣東官市產案件訴願程序適用法令案

廣東官市產爭執案件之訴願程序，得適用該省清理官市產辦法第十五條特殊之規定者，原係指國民政府訴願法尚未頒行以前而言，現在訴願法既經頒行，各省關於訴願事件自應一律遵照辦理。

（丙）民法物權編施行後能否適用不動產登記條例案

依照民法物權編施行法第三條之規定，在新登記法未頒行以前，不動產登記條例自應暫仍適用，該條例第五條所定關於對抗之效力，亦不因民法物權編之施行而有所變更。

（丁）鹽務緝私隊特務團適用陸軍刑法審判案

特務團既兼駐防區域警備責任，依陸海空軍刑法第六條第三款規定，視同陸海空軍軍人，可暫照該法審判，其他專任緝私者本為警察之一種，應與警察一律適用普通刑法。

（戊）民事調解法適用範圍案

縣司法公署及兼理司法之縣政府，既不在民事調解法施行規則第一條列舉之法院以內，自不能適用民事調解法，關於民事和解應依照通常程序辦理。

（己）上海特區法院自訴案件適用刑訴法辦理案

（子）協定第五條所稱起訴之關係人，以刑事訴訟法第三三七條及第三三八條所列舉之自訴人為限。

（丑）一切自訴案件關於撤回自訴之規定，均應依刑事訴訟法第三四七條辦理，如關係人於自訴後避不到案，自應以撤回自訴論。

（寅）刑法第一零三條至第一八六條之案件，關係人撤回自訴者，得依刑事訴訟法第三四九條及第三五零條辦理，僅有告發人而關係人未提起自訴者，應送檢察處依法偵查。

（卯）刑事訴訟法第三三九條關於直系親屬配偶或同財共居親屬之間不適用自訴之規定，應予以援用。

（二）民刑訴訟問題

（甲）縣政府受理黨員刑事案件之權限案

　　黨員背誓應處死刑各罪，反革命罪及土豪劣紳罪，依照黨員背誓罪條例及取消特種刑事臨時法庭辦法，關於審判管轄均有特別規定，縣政府自無受理之權，其黨員犯普通刑事嫌疑者，兼理司法之縣政府應依通常程序受理。

（乙）陸軍軍屬範圍及軍人犯罪管轄案

　　陸軍文官現服勤務者，依照陸海空軍刑法第八條規定應認為陸軍軍屬，至軍人犯罪及發覺雖均在任官任役前，而審判在任官任役中者，依照本院十九年四月院字第二六九號解釋，應由軍法會審審判之。

（丙）發回或發交更審之反革命案件範圍案

　　反革命案件陪審暫行法第三條之發回或發交更審案件，即指同法第二條之上訴案件而言，其得付陪審評議者以此為限。

（丁）上海特區法院租賃遷讓案件之訴訟標的價額案

　　上海特區地方法院關於無定期租賃契約，因解約遷讓涉訟案件，其徵收審判費標準，應比照同在一地之上海地方法院慣例，暫以兩個月租金總額為訴訟標的價額。

（三）司法行政問題

（甲）雲南反省院變更組織另訂條例案

　　反省院具有監獄行政性質，關於執行職務應設負全責之長官，不宜改用委員制，至省黨部如認為有應送

反省院之情形，自可呈請中央黨部核奪。均無另訂特殊
條例之必要。

（乙）前上海臨時法院法官執行律師職務迴避辦法案

　　曾在前上海臨時法院充任法官者，仍應查照司法
行政部十八年第二八五號訓令，於退職後一年內不得在
原任法院管轄區域內執行律師職務。

（四）涉外法律問題

（甲）承認外國法院民事判決效力案

　　外國法院之民事確定判決，除修正民事訴訟律第
四百八十七條第一、第二、第三各款所載，依中國法律
外國法院無管轄權者，敗訴之被告為中國人，未受訴訟
開始所應有之傳喚或命令之送達而不應訴者，認判決有
背公共秩序或善良風俗者，均無其效力外，依同條第四
款規定中國對於外國法院之判決是否承認，其效力亦以
國際上有無相互擔保為衡。

（乙）華僑與外國人因婚姻關係發生之各項法律疑問案

（子）依照第二次全國代表大會決議，結婚、離婚絕
　　　對自由之原則，凡協議離婚事件，只須雙方同意
　　　簽立私人字據即生效力。

（丑）依照修正民事訴訟律第七百七十一條規定，離
　　　婚之訴應專屬夫之普通審判籍所在地之法院管
　　　轄，其在外國之華僑與外國人離婚事件，得由
　　　領事館備案者，惟以協議離婚為限。

（寅）因婚姻關係取得中國國籍者，其婚姻關係消滅
　　　後，依中國國籍法並無因而喪失國籍之規定，

應仍為中國人。

（卯）法國女子與華人結婚，並未照其本國法聲明願意取得中國國籍者，依中國國籍法第二條第一款但書之規定，應仍為法國人。

（丙）江蘇高等法院第二分院管轄華洋上訴案件範圍案

　　江蘇高等法院第二分院受理華洋上訴案件，應以上海特區地方法院判決者為限，從前江寧縣政府判決之華洋訴訟案件，依普通訴訟關於土地管轄之規定，自應由江蘇高等法院受理上訴。

五、關於統一解釋法令事項

　　統一解釋法令為本院重要職務之一，凡請求解釋法令者，均先由最高法院擬具解答案呈請本院核定，歷經依照辦理，計本年自三月起截至十月十五日止，共核定解釋案一百六十件，而所解釋之法規共有三十二種，大別為三類：曰民事法規、曰刑事法規、曰行政法規，每類之中以法規名稱為綱，以解釋案為目，擇要分別臚列，各附解釋要旨以備省覽，餘從略。

第一類　民事法規

（甲）民法

（一）契約效力疑義案

　　（解釋要旨）當事人均為中國人，在中國締結書面契約，宜用中國文字，若用外國文字者，於提出法院作證時應附以中文繕本，至約內載明發生任何問題，皆依某外國法解決者，如事項有關

於中國強制或禁止之法規，或中國之公共秩序善
良風俗者，其契約自不得認為有效。

（二）公債票註失疑義案

　　（解釋要旨）

　　（1）各種公債如債票為無記名式，又無準用民元
　　　　六釐公債施行細則第二十三條之明文者，
　　　　應不准註失。

　　（2）銀行職員侵占公債票而逃匿者，銀行縱未
　　　　將債票註失，亦得向該職員之保證人追償。

（三）遲延債務賠償疑義案

　　（解釋要旨）給付遲延之損害賠償不以遲延利息
　　為限，若所遲延之債務非以金錢支付為標的，應
　　依實際損害請求賠償。

（四）合夥債務清償疑義案

　　（解釋要旨）合夥商號倒閉，債權人得對於有
　　資力之一員求償全部，與該員個人經營商號倒閉
　　之債權人無異，除有優先權者外，兩號債權人均
　　得就該員其他財產同等受償。

（五）適用民法物權編登記規定疑義案

　　（解釋要旨）依民法物權編施行法第三條，在
　　登記法律未公布以前，不適用物權編關於登記
　　之規定，在此期間內凡從前已經實行不動產登
　　記制度之區域，關於已登記及未登記之效力，
　　應仍暫援用從前施行之法令辦理。

（六）女子繼承財產及財產繼承開始各疑義案

　　（解釋要旨）

（1）財產繼承，以所繼承人死亡時為始，除關於母之獨有財產外，所繼承人係指父而言。

（2）繼承開始，依當時法令，女子無繼承財產權者，無論其財產分析與否，女子不得主張再行與男子均分。

（七）財產繼承權疑義案

（解釋要旨）被繼承人死亡在婦女運動決議案通令以前，其財產已由其子共同繼承取得，雖其子尚未成年，財產由其母管轄，並未分析，然其女當時既無繼承權，現在自不得請求分析。

（乙）已嫁女子追溯繼承財產施行細則

（一）河北省隸屬國民政府日期以何日為準案

（解釋要旨）已嫁女子追溯繼承財產施行細則第一條所稱，隸屬國府之日應以各省省會為準，河北省政府現雖移設北平，但隸屬時省會自在天津，應以天津隸屬之日為準。

（二）已嫁女子追溯繼承財產權疑義案

（解釋要旨）

（1）凡財產繼承開始在已嫁女子追溯繼承財產施行細則第一條所列日期後者，無論何年出嫁，均有財產繼承權。

（2）有繼承財產權之女子以親生者為限。

（丙）內地外國教會租用土地房屋暫行章程

內地外國教會租用土地房屋暫行章程第六條疑義案

（解釋要旨）內地外國教會租用土地房屋暫行章程第六條所稱永租權，係指該章程施行前已經絕買者而言，以後議定契約載明必要事項內，雖刪去或永租三字，然該章程第六條既未修正，則補行呈報時自可據實載明。

（丁）票據法

票據時效疑義案

（解釋要旨）依票據法施行法第一條規定發行在前之票據既僅認為性質相同而不認為票據法上之票據，關於時效應適用民法總則及民法總則施行法。

（戊）民事訴訟法

（一）執行異議案件管轄權疑義案

（解釋要旨）甲法院囑託乙法院執行，則乙法院即為執行法院，如向乙法院提起異議之訴自應受理。

（二）民事參加訴訟疑義案

（解釋要旨）告知第三人參加訴訟，在第三人來參加前不應列為當事人，如該第三人於更審中聲明始終並未參加，自應逕為本訴訟之裁判。

（三）因債務涉訟發生管轄爭執疑義案

（解釋要旨）除不屬於財產權之請求及有專屬管轄之訴訟外，均得適用合意管轄之規定，苟被告不抗辯法院無管轄權而為本案之言詞辯論者，自應以合意管轄論。

（四）贖產訴訟計算價格疑義案

（解釋要旨）贖產訴訟之標的為不動產所有權，原告應為反對給付之典價不得在不動產價額中扣除，故被告上訴利益應以所有權全部價額計算。

（五）承辦第一審之推事能否配受第二審案件疑義案

（解釋要旨）依民訴律第四十二條第五款規定，凡參與第一審之推事，對於該案件繫屬上級審時，無論是否為再審均應迴避。

（六）起訴權疑義案

（解釋要旨）學校雖歸教育廳管轄者，然教育廳究無代表提起民事訴訟之權。

（七）判決已宣告未送達卷證損失如何辦理案

（解釋要旨）民事判決一經宣告，非有法律上根據，在同一法院不得更為審判，縱卷證散失，仍應送達判詞，如上告由上告審認有更審必要者，自可發回更為審判。

（八）權利移轉及繳納契稅疑義案

（解釋要旨）民事案件因強制執行拍賣不動產，該不動產所有權雖即移轉，而拍定人對於該不動產所負納稅之義務不能因此免除，惟執行法院允許拍定之決定及所製權利移轉之書據，既係拍定人取得該不動產權利之證書，則拍定人於納稅時

　　　　自毋庸另立契紙。

（九）上告審核定訴訟價額疑義案

　　　　（解釋要旨）

　　　　（1）核定之訴訟標的價額，當事人曾有聲明異議
　　　　　　　之機會而不為聲明，則上告審毋庸為核定。

　　　　（2）法定之訴訟標的價額而計算顯係違反時，
　　　　　　　上告審應予以糾正，如上告利益在二百
　　　　　　　元以上，應即受理其上告。

　　　　（3）因租賃權涉訟，其價額在原則上應以一年
　　　　　　　租額二十倍為準，若因請求給付租金而涉
　　　　　　　訟，則應據所請求之數定其價額。

（己）勞資爭議處理法

（一）勞資爭議處理法第一條疑義案

　　　　（解釋要旨）勞資爭議處理法第一條所稱勞工
　　　　係指工人而言，若商店之店員係屬商民，自不
　　　　包括在內。

（二）勞資仲裁委員缺席時是否可以開會仲裁案

　　　　（解釋要旨）依勞資爭議處理法第十二條、第
　　　　十三條及第三十一條各規定，勞資仲裁委員會
　　　　必須委員五人到齊方可仲裁事件，如有一人不能
　　　　執行職務時，應視該員係第十三條某款之代表，
　　　　分別補派資格相同之代表另行開會。

（三）勞資爭議處理法第五條疑義案

　　　　（解釋要旨）勞資爭議當事人對於仲裁裁決於
　　　　五日內聲明異議，自得依法向法院起訴。

第二類　刑事法規

（甲）刑法

（一）刑法上親屬範圍疑義案

　　（解釋要旨）

　　　（1）刑法第十五條第三款，母之胞姊妹不以在
室者為限。

　　　（2）妻既入夫家，則夫之四親等內宗親自應視
為妻之親屬。

（二）省立學校校長是否刑法第十七條所稱之公務員案

　　（解釋要旨）省立學校校長如經中央或省政府
任命，即係依法從事於公務之職員，自包括於
刑法第十七條公務員範圍之內。

（三）徒刑併科罰金能否單獨宣告徒刑緩刑案

　　（解釋要旨）判處徒刑並科罰金之案件，如擬
諭知緩刑徒刑與罰金應一併諭知，不應單獨將
徒刑宣告緩刑。

（四）鎔毀制錢犯罪疑義案

　　（解釋要旨）鎔毀制錢營利法無處罰明文，應
不為罪。

（五）販運咖啡素是否成立製造鴉片代用品之未遂罪案

　　（解釋要旨）販運咖啡素如經化驗並無與鴉片、
高根、安洛因同類毒性，法無處罰明文，應不
為罪。

（六）購買賽狗彩券是否構成賭博罪案

　　（解釋要旨）在跑狗場賽狗附有彩券，如未經合
法許可，購券人應依刑法第二七八條之賭博罪

辦理。

（七）竊盜罪適用疑義案

（解釋要旨）刑法第三三七條專指竊取動產而言，若於他人地上建屋或墾種收取租息，不能成立該條之罪。

（八）軍用子彈是否爆裂物案

（解釋要旨）軍用子彈其性質若非一觸即炸裂者，不得認為爆裂物。

（九）押女為娼擅自帶回是否構成犯罪案

（解釋要旨）因貧押女學習為娼，在約定期限前，其母將女帶回不能成立刑法第二五七條之罪。

（十）商界同業公會之選舉是否刑法所稱地方選舉案

（解釋要旨）商界同業公會中之選舉（現行工商同業工會法第九條之選任亦同），不包括於刑法第一四九條地方選舉範圍之內。

（十一）村里制選舉舞弊及毀損總理遺像適用刑法疑義案

（解釋要旨）

（1）依浙省單行法規之村里制而設立之選舉，應認為刑法第一四九條之選舉。

（2）意圖侮辱公然毀損總理遺像之行為，在十八年六月二十七日奉令以前者，依第二二三次政治會議對於前令不追溯既往之決議案，應不為罪。

（十二）毀損罪疑義案

（解釋要旨）毀損自己與他人之共有物，亦

成刑法上毀損他人所有物罪，但既有共有之
關係，於科刑時應依刑法第七六條注意犯罪
之結果。

（十三）和誘略誘罪疑義案

（解釋要旨）自民法總則施行後，依其規定
凡未成年人一經結婚即有行為能力，不得視夫
為妻之保佐人，其有和略誘此種已結婚未成年
之婦女者，如和誘應視其有無通姦或意圖營利
引誘姦淫等情事分別辦理，如略誘即為妨礙自
由，應依刑法分則第二十五章論科。

（十四）墮胎罪疑義案

（解釋要旨）推捽婦女因而墮胎，如無使其
墮胎之故意，只成立傷害罪，不成立墮胎罪，
但有無間接故意，應依刑法第二六條第二項
認定之。

（十五）誣告罪疑義案

（解釋要旨）衛戍或警備地方之軍事機關，
既有維持治安之責，則其在職權範圍內即為刑
法第一八〇條之該管公務員，某甲向其誣告某
乙妨礙秩序意圖搶劫，應成立誣告罪。

（十六）無故侵入住宅罪疑義案

（解釋要旨）刑法第三二〇條所稱無故侵入，
即不法侵入之謂，甲等既無搜查住宅之權，入
乙住宅時如未得明示或默示之許諾，即為不
法侵入，應成立該條之罪，但甲係為搜查被
竊之物，應注意刑法第七六條。

（十七） 經理人假用商店名義借款充個人私用可否成
　　　　立詐欺罪案

　　　　（解釋要旨）經理人假用商店名義向銀行或錢
　　　　莊借款充其私用，是以詐欺方法使人交付財
　　　　物，應成立刑法第三六三條之詐欺罪。

（十八） 妨礙公務罪疑義案

　　　　（解釋要旨）刑法第一四二條一、二兩項之
　　　　罪，均以強暴脅迫為構成要件，於檢察官驗
　　　　屍時評論指摘無強暴脅迫行為，自不成罪，
　　　　至遍貼標語組織昭雪團，如其方法內容係威
　　　　脅檢察官使不得自由處分，應成立該條第二
　　　　項之罪。

（十九） 墮胎罪疑義案

　　　　（解釋要旨）因傷害人而發生墮胎結果者，應
　　　　視其有無使其墮胎之直接或間接故意分別處
　　　　斷，至墮胎罪以公共法益為重，不發生自訴
　　　　問題。

（二十） 殺人及竊盜疑義案

　　　　（解釋要旨）

　　　　（1）甲置毒餅內謀殺乙，乙轉送丙食而病，
　　　　　　丁嘗之亦病，甲對於丙、丁應視其有無
　　　　　　間接故意或過失，分別成立殺人未遂罪
　　　　　　或過失傷害人罪或不成罪。

　　　　（2）以竊盜為常業，刑法第三三八條有處罰
　　　　　　專款，自不得依併合論罪之例處斷。

（乙）暫行反革命治罪法

（一）暫行反革命治罪法第十條疑義案

（解釋要旨）反革命治罪法第十條僅稱未遂犯罪
之而無如何處刑之規定，則關於未遂犯之科刑，
自應適用刑法減等條文辦理，但應注意刑法第
七六條於科刑時，應審酌一切情形。

（二）暫行反革命治罪法第五條第三款疑義案

（解釋要旨）反革命治罪法第五條第三款規定盜
竊刺探或收集政治軍事上之重要祕密消息文書圖
畫而交付敵人者，非專指屬於政府方面者而言，
若以密謀響應革命軍之團體重要消息報告敵人
者，亦應構成該款之罪。

（三）暫行反革命治罪法第六條疑義案

（解釋要旨）反革命治罪法第六條係以宣傳為犯
罪要件，若僅購藏共產黨書籍，尚不能構成該條
之罪。

（丙）反革命案件陪審暫行法

反革命案件陪審暫行法第三條疑義案

（解釋要旨）反革命案件發回或發交更審時，法
院應將更審日期通知黨部，黨部不於期前聲請付
陪審，評議法院應依通常程序判決。

（丁）懲治土豪劣紳條例

沒收土豪劣紳財產之處分是否有效案

（解釋要旨）行政機關於懲治土豪劣紳條例公布

後，仍依處分逆產條例沒收土劣財產，雖屬違法，尚非當然無效，但其處分並非絕對不可變更。

（戊）黨員背誓罪條例

黨員背誓罪條例第一條疑義案

（解釋要旨）公務員犯黨員背誓罪條例之罪，應依該條例第一條處斷，不再適用刑法第一四零條之規定。

（己）懲治盜匪暫行條例

（一）懲治盜匪暫行條例第一條第十三款疑義案

（解釋要旨）木棒、木棍、皮鞭、鐵鞭桿等均包括於懲治盜匪暫行條例第一條第十三款所謂械字之內。

（二）懲治盜匪暫行條例適用疑義案

（解釋要旨）懲治盜匪暫行條例之犯罪既未規定以自身素係盜匪為前提要件，凡犯該條例第一條各款行為之一者，皆應依該條例處斷。

（庚）懲治綁匪條例

（一）懲治綁匪條例第三條疑義案

（解釋要旨）代被綁之戶向綁匪求說，與代綁匪向被綁之戶通訊，情跡顯然不同，不得援用懲治綁匪條例第三條之規定。

（二）綁匪釋放被擄人籌款論罪疑義案

（解釋要旨）綁匪一經擄人勒贖，其犯罪即屬既

遂，而放被擄人出外，又係使其籌款並限期交付，仍應依懲治綁匪條例第一、第二兩條論科。

（辛）陸海空軍刑法

（一）軍人在戒嚴地域攜帶重要物品無故離役論罪疑義案

（解釋要旨）軍人在戒嚴地域攜帶兵器馬匹或其他重要物品無故離去職役，次日就獲，依陸海空軍刑法第九十八條之規定，仍應依同法論科。

（二）公安隊人員犯罪管轄疑義案

（解釋要旨）省公安隊如編制訓練與陸軍同，並備剿匪之用，即含有地方警備隊之性質，其官長士兵犯罪應歸軍法審判，否則即屬警察之一種，無論所用人員之學歷如何，仍應由法院審判。

（三）陸海空軍刑法所稱地方警備隊範圍疑義案

（解釋要旨）縣政府之警衛隊、公安局之保安隊及各警察區之民團，係屬警察性質，不得視同陸海空軍軍人。

（壬）禁煙法

（一）販運乳糖咖啡精是否犯罪案

（解釋要旨）乳糖咖啡精如含有嗎啡、高根、安洛因之化合物或同類毒性，始與禁煙法第一條第二項規定相當。

（二）禁煙法各條犯罪管轄疑義案

（解釋要旨）禁煙法第六、第八、第十、第十

六、第十七各條之犯罪，均應由地方法院管轄。

（三）禁煙法條文施行時期疑義案

（解釋要旨）

（1）禁煙法既規定自公布日施行，各縣自應以
奉文之日起為該法施行日期。

（2）在奉文前告發未判之煙案，依該法第二條
規定亦應適用該法科刑。

（四）販賣料子處罪疑義案

（解釋要旨）販賣之料子如非嗎啡等物製成，
不能成立販賣鴉片代用品之罪，又販賣時如無
以之冒充鴉片之行為，亦不能成立詐欺罪。

（五）藏有製造金丹袋之機器應否論罪案

（解釋要旨）藏有製造金丹袋之機器者，除已製
造金丹袋並已實施或幫助販賣持有或運輸金丹，
應各就其犯罪行為論罪外，僅藏有機器則不
為罪。

（癸）刑事訴訟法

（一）指定或移轉管轄案件裁定疑義案

（解釋要旨）高等法院管轄內之地方法院案件，
如欲指定或移轉於其分院管轄內之地方法院時，
應由最高法院裁定。

（二）兩罪併案起訴庭不予受理疑義案

（解釋要旨）犯反革命之罪又牽連犯刑法之罪，
得由高等法院依刑訴法第十五條規定並案受理，
如誤為無管轄之判決，檢察官可依法上訴。

（三）公務員聲請再議疑義案

　　（解釋要旨）刑訴法第二四八第一項規定之聲請再議，以告訴人為限，至公務員為告發時，自不得聲請。

（四）雙方被害人分別提起自訴或請求偵查之案件應如何辦理案

　　（解釋要旨）鬥毆案件雙方受傷均輕微，或一方輕傷一方重傷，而一方提起自訴，他方請求檢察官偵查時，得依自訴、公訴各規定分別辦理，但法院於自訴及公訴提起後得合併審理。

（五）共黨擄人勒贖案件管轄疑義案

　　（解釋要旨）共產黨徒於犯反革命罪外，又擄人勒贖，係屬於二以上不同級法院管轄之牽連案件，依刑訴法第十五條第一項規定，檢察官自得併案起訴於高等法院。

（六）不起訴處分確定後如何救濟案

　　（解釋要旨）檢察官所為之不起訴處分如經確定，除發見新事實新證據外，不得再行起訴。

（七）覆審案件上訴疑義案

　　（解釋要旨）普通法院判決之案件，無論處刑輕重，當事人均有上訴權，不受覆判暫行條例之限制。

（八）原告訴人應否送達判決及聲明不服檢察官有無准駁權案

　　（解釋要旨）

　　（1）公訴案件原告訴人無上訴之權，法院毋庸

以職權向其送達判決。

（2）原告訴人請求檢察官上訴，檢察官有酌量之權，不受請求之拘束。

（九）被告對於裁定繼續羈押不服提起抗告疑義案

（解釋要旨）被告經裁定延長羈押提起抗告被駁回者，其因抗告所經過之羈押日數應算入延長期間之內。

（十）駁回自訴之裁定檢察官能否提起抗告案

（解釋要旨）自訴經法院裁定駁回，無論適法與否，檢察官不得提起抗告。

（十一）刑訴法上公安局長範圍疑義案

（解釋要旨）刑訴法第二二七第二款所謂公安局長在京指警察廳長、各警察署署長，在各省指省會公安局長、市或縣公安局長而言。

（十二）送入反省院人犯是否以判決或裁判之抑由檢察官處分案

（解釋要旨）反革命案內之被告應送入反省院者，除共產黨人自首法第八條情形外，應由檢察官逕行處分。

（子）陸海空軍審判法

軍佐解職後犯罪復潛往軍隊服務審判管轄疑義案

（解釋要旨）軍佐於解職後犯普通刑法之罪，又往軍隊服務，是其犯罪雖在任官任役前，而審判則在任官任役中，依陸海空軍審判法第十六條立法意旨，應由軍法會審審判之。

（丑）取消特種刑事臨時法庭辦法
（一）縣法院能否受理土劣案件案
　（解釋要旨）縣法院之組織與地方法院不同，依法不能受理土劣案件。
（二）特種刑事撤回起訴疑義案
　（解釋要旨）特種刑事案件依當時有效之特種刑庭訴訟程序條例，凡起訴之人均得準用刑訴法撤回起訴，惟自特種刑庭取消後，應依通常程序辦理。

第三類　行政法規

（甲）監督寺廟條例
（一）監督寺廟條例所稱該管官署疑義案
　（解釋要旨）寺廟登記條例明定登記等事，在市由公安局辦理，則監督寺廟條例所稱該管官署，在市仍應為公安局。
（二）處分寺廟財產疑義案
　（解釋要旨）
　（1）荒廢寺廟被私人佔據，該地現無地方自治團體，該管官署得代為管理，不得遽予處分。
　（2）寺廟住持違反監督寺廟條例第十條之規定，該管官署得革除其住持之職，不得強迫出款或遞提其財產。

（乙）監督慈善團體法
中國紅十字會能否依監督慈善團體法予以監督案

（解釋要旨）中國紅十字會係慈善團體之一種，所辦事業雖有時不限國境，但不得謂係國際法團，應依監督慈善團體法受主管官署監督。

（丙）印花稅暫行條例

律師意見書等應否貼用印花案

（解釋要旨）律師代理人民所具意見書、聲請書投遞於行政官署者，即依人民投遞呈文申請書之例貼用印花，若係投遞於法院者，民事應依司法印紙規則及非訟事件徵收費用規則貼用司法印紙，即毋庸再貼印花，刑事不應收費，自無庸貼用印紙或印花。

（丁）訴願法

（一）官吏身分能否提起訴願案

（解釋要旨）下級官吏對於該管上級官廳就其監督範圍以內所發命令有服從之義務，不得援引訴願法提起訴願。

（二）官吏訴願疑義案

（解釋要旨）人民與官吏身分各別，因官吏身分而受行政處分，非以人民身分因官署處分受損害者可比，不得提起訴願。

（戊）商會法

商會法條文疑義案

（解釋要旨）

（1）商會法第十一、第十二兩條所云，最近一年間平均使用人數係就最近十二個月使用人數平均計算。

（2）商會法第五條除但書情形外，既以市縣之區域為其區域，自不得在同一區域內設立兩商會。

（己）工商同業公會法

（一）工商同業公會法第九條疑義案

（解釋要旨）工商同業公會法第九條之委員，既云由委員互選常務委員，參照同法第十條及商會法第十八條第二項，當係執行委員性質。

（二）工商同業公會法第四條第二項第八款疑義案

（解釋要旨）工商同業公會法第四條第二項第八款所云，公會章程應載明公會之成立期間者，應解釋為即民法總則第四十八條第九款所稱之存立時期。

（三）工商同業公會法第一條疑義案

（解釋要旨）在同一區域內經營爆業商號與爆業作坊，雖同為爆業，而一係專營販賣，一係專營製造，性質不同，依工商同業公會法第一條、第二條之規定趣旨，更證以第十四條之規定，應得各自設立同業公會。

（庚）工會法

（一）工會法第三條疑義案

（解釋要旨）

（1）工會法第三條國家二字，係總括該條列舉之各種事業而言。

（2）工會法第三條於官商合辦之公用事業公司以及省市立各學校及工廠，亦應適用。

（3）雜務工役包括於第三條所稱役字之內，外股特定勤務之工人則否。

（二）工會法第六條及廢止舊法與設立程序各疑義案

（解釋要旨）

（1）工會法第六條所謂同一區域，自係指市縣之全區而言。

（2）工會法係因修正工會組織條例及特種工會組織條例而制定，則新法施行，舊法當然廢止。

（3）黨部與工會之關係，應照工會法人民團體設立程序案及訓政時期民眾訓練方案分別辦理。

（三）工會法第三條及訓練指導監督各機關疑義案

（解釋要旨）

（1）工會法第三條僅規定各機關職員及員役不得援用該法組織工會，則工人自不在此限，工人有組織工會者，除遵照該法外，並應遵照人民團體設立程序案及訓政時期民眾訓練方案辦理。

（2）關於工會之訓練指導，應由黨部為之，關
　　　於監督，應由省、市、縣政府為之，其呈
　　　請設立時應先受黨部之指導。

結論

　　以上各款所列事項，本院工作經過略具於是。竊以
為改良司法，必先有整齊之法律與充足之經費，然後能
施行無阻。吾國各種法典多屬草創，其正在本院擬訂中
者，則有如法院組織法，其尚須修改者，則有如刑法、
刑事訴訟法，均已如前所述。而解釋法令之案尤繁，辦
理之際時感困難。一則以民法尚未全部公布，新舊絕續
之交，既須順應潮流，又不能不顧全事實，二則以法典
以外復時有特別法及單行法適用比附，亦須處處兼顧，
每遇一案動必搜根窮源，審酌再三，然後定議，此就經
過情形而有感於法律之必須整齊劃一也。司法經費異常
支絀，中央各省情形相同，不獨應添之法院未能按照預
定計劃通盤籌設，即已成之法院亦無擴充力量。又如反
省院之設，每省不過一所，而建築開辦須費，經常須
費，雖文電督促而籌款困難，成立者寡，此就經過情形
而有感於司法經費之必須確定也。此外如行政法院為全
國最高行政審判機關，內容組織未便過於苟簡，而判決
各案尤貴悉能執行，是以不能不於籌設之前從長計議，
本院曾將籌議情形報告於本年九月十二日第九十三次國
務會議在案。至官吏懲戒委員會原與監察院相輔而行，
一司彈劾一司懲戒，亦必蘄職權之實施，然後能名副其
實。現在軍事結束，統一可期，自當兼籌並顧，積極進

行，俾得完成本院各機關之組織。此應附帶說明者也。

整理及督促重要案件統計表

從本年三月六日（三中閉會日）起至十月十五日

件數 案件類別＼月份	三月	四月	五月	六月	七月	八月	九月	十月	共計
奉令飭部遵辦案	11	4	9	10	5	8	7	1	55
院令飭部遵辦案	1				1	1			3
准咨函行部核辦案	10	6	5	27	18	9	19	8	102
據呈行部核辦案			2			2	1		5
總計	22	10	16	37	24	20	27	9	165

收文件數統計表

件數\月份\類別	三月分三月六日起	四月	五月	六月	七月	八月	九月	十月分十月十五日止	共計
呈文	70	117	107	112	104	83	95	39	727
公函	62	81	98	158	87	45	81	68	680
咨文	13	14	14	16	6	17	12	12	104
訓令	25	14	17	11	8	13	9	7	104
指令	5	5	1	3	4	2	8	3	31
密令	1		1			1	3		6
電	22	27	25	54	22	32	26	20	228
解釋稿	7	44	22	9	22	37	26		167
建議書							1		1
總計	205	302	284	363	253	230	261	149	2,048

發文件數統計表

件數\月份\類別	三月分三月六日起	四月	五月	六月	七月	八月	九月	十月分十月十五日止	共計
呈文	9	7	6	6	5	3	9	3	48
咨文	3	10	6	5	4	8	6	3	45
公函	39	51	51	64	51	33	46	24	359
密令		1	1	2	1		1	1	7
訓令	62	42	42	38	49	25	48	28	334
密令	2	1		1		1	3	1	9
指令	26	45	53	45	49	28	31	15	292
密令			1	1	1		1		4
院令				1					1
批	8	6	10	5	3	6	4	3	45
電	4	4	8	7	1		10	6	40
箋函		1	2	1	3	5	2		14
解釋文件	5	21	17	13	12	16	13	15	112
委令	3	8		4	2	5	9		31
祕書處函	74	67	105	85	71	54	84	58	598
總計	235	264	302	278	252	184	267	157	1,939

司法行政部

司法事務在在與人民利害有密切關係，本部執掌司法行政，其唯一要務首在法院之整理、監所之改善、法官之得人，近一年來雖或以時局未靖，經費拮据，致司法應辦之事偶有延擱，而本部對於法院、監所屬行監督，對於司法人員嚴加考核，不敢稍遺餘力。他如反省院之設立，法醫研究所之籌備，縣法院之增加，事關重要，雖值庫帑奇窘之際，亦無不黽勉進行。規劃所及，尚有可供報告者，茲自第三屆中央執行委員第三次全體會議閉會之日起至現在止，所有各項工作摘要分述於下。

一、法院之推廣（附看守所）

吾國幅員廣袤，推廣法院為訓政期內建設司法切要之舉。本部於上年七月間遵令擬具訓政時期工作分配年表，將各省每年應行籌設之縣法院、地方法院、高等分院等詳細列入，並將該項年表呈送司法院轉呈國民政府核轉政治會議在案。本部督促進行不遺餘力，以期依據原訂計劃次第實現。顧各省受軍事影響，財政困難，未能如期推廣，半載以來所增設者列舉於下：

江蘇高等法院第二分院一所	本年四月一日成立	
上海特區地方法院一所	本年四月一日成立	
四川萬縣地方法院一所	本年二月二十日成立	係於十八年二月以前著手籌備
黑龍江拜泉地方法院一所	本年七月十六日成立	
綏化地方法院一所	本年七月十六日成立	
湖南高等法院第一分院附設地方庭一所	本年三月十五日成立	
衡陽地方法院一所	本年二月十八日成立	係於十九年二月以前著手籌備
岳陽縣法院一所	本年二月二十日成立	
湘潭縣法院一所	本年五月十六日成立	
澧縣縣法院一所	本年六月二十日成立	
江蘇武進縣法院一所	本年三月四日成立	係於十八年二月以前著手籌備
南通縣法院一所	本年四月十日成立	
江都縣法院一所	本年六月三日成立	
松江縣法院一所	本年八月六日成立	
安徽桐城縣法院一所	本年三月一日成立	係於十九年二月以前著手籌備
合肥縣法院一所	本年五月一日成立	
阜陽縣法院一所	本年九月一日成立	
山東福山地方法院威海分院一所	本年十月六日成立	

　　以上增設各法院均附設有看守所，至浙江高等法院呈報擬於十九年度增設之天台、永康、象山、平湖、浦江、奉化六縣縣法院，正在著手籌備中。軍事完全結束以後，秩序恢復，各省財力亦必漸次充裕，本部更當依照上開年表所列各省每年應行籌設之法院、看守所，督促各省高等法院積極進行，務期逐漸完成，蔚成法治。

二、監獄之推廣

　　查本年三月以前，所有全國監獄推廣情形已詳本部工作摘要報告書，惟因監獄建設經費均無的款，加以數月以來各省事變頻仍，財政益形支絀，關於監獄之推廣進行更感困難，現在完全成立者計有江蘇（上海）第二監獄分監一處，一部成立者有廣東（廣州）第一監獄

及四川（重慶）第二監獄二處，計劃已定正待興工者有
江蘇（鎮江）第五監獄及湖南（長沙）第一監獄二處，
正在計劃中者則有河北（保定）第四監獄及浙江金華監
獄、臨海監獄三處，其已經成立之監獄因容額不敷已經
擴充完竣者則有浙江（嘉興）之第三監獄，正在籌劃擴
充者則有浙江之第四監獄及江蘇第一、第二、第三各監
獄，此新監獄推廣之大概情形也。至若各縣舊監獄，按
照本部原定計劃，擬就各縣適中之地建設新監一處，每
成立一新監即將附近各縣囚徒移禁於內，而將舊監廢止
改作看守所，惟目前各縣舊監房屋窳敗，修理擴充亦屬
刻不容緩，其工程之規畫及原有之地址於將來改作看守
所是否合宜，事前均有考核之必要，當經本部通令各
省，凡修建縣監所工程費在一千元以上者，應將圖樣等
件呈部核准後方得動工，似此辦理庶能收一勞永逸之
效。現據呈報修理擴充者已有數起，近來又因煙禁厲
行，各省煙犯激增，復經通令籌設罪犯戒煙所，以資疏
通而便戒煙，現在廣東一省已於省城組織成立，江蘇、
福建、江西三省亦有具體計劃均經呈報有案，此舊監獄
推廣之大概情形也。至於看守所之推廣均與法院同時並
進，已於前項法院推廣情形內附述，茲不贅敘。

三、反省院之籌設

查反省院條例公布後，本部即通令各省積極籌設，
先後據浙江、安徽、廣東等省呈報，各該省原設有反省
院或感化院業經遵令照章改組分別成立，旋奉明令督促
進行，當即轉令切實籌辦，並經遵令擬具各省籌設反省

院期限清單呈奉司法院指令照准，業經令行各省遵限辦
理。除浙江、安徽、廣東三省業經成立外，江西省據報
籌備就緒限期一箇月成立，茲已據該省呈報於本年十月
一日遵限成立。江蘇省籌備將次就緒，地址撥定舊銅元
局，現已接收，不日即可興工修理，限期三箇月成立。
山東省因該省第一監獄內空地甚多，足敷反省院建築之
用，已由監獄司函告該省高等法院繪具圖說呈部審核，
限期以一箇月為籌備期間，三箇月建築完成，合計成立
限期不得逾四個月。湖北、湖南、福建三省正在積極籌
設，限期以三箇月為籌備期間，六箇月建築完成，合計
不得逾九箇月。其餘各省或尚在進行中，或事實上一時
無從進行，擬俟次第擬定辦法再行分別酌定期限，督促
成立。

四、法院監所職員之任免懲獎

　　查法院及監所職員職責重要，本部關於任免獎懲事
項夙從嚴格，悉本規章，如任用法官既須審查憑證決定
去取，且須按其資驗分為暫代、代理、試署、派署、薦
署，其已經任用者更於服務滿一定時期後，調核辦案成
績，必須成績優良方許升轉（如派暫代者准派代理，派
代理者准派試署，餘則以此類推）。至於法院書記官及
監所職員之任用升轉程序與法官大約相同，其有不能稱
職或廢弛職務者則分別情節輕重隨時懲處。至於以上各
項職員間有未經呈部委派者，重申前令限期呈報核辦，
以杜冒濫。再查各省高等法院對於監所職員懲戒處分
每不按照程序辦理，經通令嗣後遇有此類事項，應即照

章擬處呈候核辦，更不得先予撤免，以昭慎重。茲將
法官、法院書記官及監所職員經任免懲獎者分別統計
於後。

（一）法官

全國各級法官經任用者，院長拾捌員，首席檢察官
貳拾伍員，庭長參拾玖員，推事壹百拾捌員，檢察官壹
百零參員。經免職者院長貳員，首席檢察官貳員，庭長
壹員，推事貳員，檢察官陸員。經儆告者推事貳員，檢
察官壹員。經停職者院長壹員，推事壹員。

（二）法院書記官

全國各級法院書記官經任用者，審判部分書記官長
肆拾貳員，書記官貳百零參員。檢察部分主任書記官參
拾玖員，書記官壹百伍拾陸員。經免職者書記官長貳
員，書記官捌員。

（三）監所職員

全國監獄及各級法院看守所經任用者，典獄長拾
貳員，看守所長拾陸員，主任看守長拾捌員。經免職者
典獄長參員，看守長壹員。經儆告者典獄長壹員。經記
過者主任看守長壹員。經停職查辦者典獄長壹員。經將
看守所所長以典獄長升用者壹員。

五、司法人員之訓練與考試

查司法人員非具有相當之學識斷難勝任而愉快，
際此擴充司法需才孔急之秋，自宜切實培養，培養之
法，訓練與考試二者並重。茲將各項司法人員之訓練與
考試分列於左。

（一）關於司法人員之訓練

（1）本部於十八年一月間擬具籌設法官訓練所辦法呈由司法院提經國務會議議決通過，嗣在首都、廣州、北平三處招生，共取學員壹百捌拾貳名，於同年六月十三日開始授課。該所講師均係延聘富有學識經驗之法官及法律專家充任，除使學員受學理上之訓練外，更於所內設置假法庭注意練習審檢實務。至本年六月訓練期滿，舉行畢業試驗，計試驗及格者壹百柒拾貳名，內甲等參拾捌名，乙等壹百參拾肆名，當經本部發給畢業證書，分別以候補或學習推檢分發使之實地練習，本部並經制定學習推事檢察官學習規則呈奉司法院核准公布施行，該項規則關於學習推檢人員之學習期間及學習方法，與夫學習期期滿後之考成任用，均已詳細規定。現在政府舉行法官初試，凡初試及格各員均須入所訓練，將來各所訓練方法更當力求完善，以冀收培植人才之效。

（2）廣東法官學校係民國十三年間總理在大元帥任內所創辦，學生先後畢業者貳百玖拾柒人，成績大抵優良。現在校內肄業者柒百陸拾貳人，茲以學校制度革新，經本部於本年四月間呈請司法提經中央政治會議議決，改為國立廣東法科學院，隸屬於本部，本年七月二十一日改組成立，該校校長經由本部聘任，咨請教育部備案，一切課程悉照定章辦理，暑假之後並添設本科三年級一班，以便前法官學校畢業生入學修業，規模既較前完

備，收效自必更宏。

（3）吾國刑事檢驗急須改良方法培植人才，本部訓政
時期工作分配年表曾列有設立法醫研究所一項，
本年已在江蘇寶山縣真茹地方購買空地十三畝有
奇。擬具圖樣籌款建築，刻已實行開工，一面復
令飭各省高等法院仿照浙江高等法院在該省醫學
專門學校附設法醫專修班法辦法積極籌備，除浙
江法醫專修班已於上年畢業外，江西高院附設於
該省醫專內之法醫專修班據報於本年六月間畢
業，江蘇高院附設於上海同濟醫大內之法醫講習
所據報於本年八月間開始授課，湖北、湖南、廣
東、安徽等省已著手籌備，其餘各省亦正在督促
進行之中。惟各地醫校設備未盡完善，專攻法醫
學之教授尤難其人，且各校程度不齊，方法互
異，實際運用恐難悉臻允當，將來根本辦法仍擬
以法醫研究所為基礎，擴而充之，招收醫科大學
畢業學員加以訓練，附設法醫醫院，俾資實習畢
業之後分配於各省高、地法院專任法醫，以期鑑
定精確而免讞獄之疑難。

（二）關於司法人員之考試

（1）此次舉行法官初試原為應事實上之需要起見，所
有法官初試暫行條例及以首都、廣州、北平等處
為考試地點，本年十月十九日為開始舉行甄錄試
日期，業經國民政府與考試院分別公布，並派有
典試委員長一人、典試委員六人，即於十月八日

在本部成立法官初試典試委員會，釐訂關於考試各種規則。旋又在本部成立法官初試事務處，由委員長調派本部司長、科長、科員、書記官等三十餘人兼充事務處職員，一面在廣州、北平兩處各設立典試委員會分會，除北平分會考試日期尚待決定外，首都於十月十九日，廣州於同月二十四日舉行甄錄試，又首都於同月二十八、二十九日，廣州於同月二十九、三十日舉行初試筆試，手續慎重，關防嚴密，以期副政府登明選公之至意。

（2）本年江蘇高等法院擬舉行承審員考試，湖南高等法院擬舉行各縣政府司法書記員考試，先後呈送考試章程請予核准到部，本部當以各該項人員關係重要，自應選拔真才以副器使，經咨由考選委員會將各該章程略事修正，准予舉行咨復前來，業經分別令飭遵照辦理。

六、審核法令事項

本部應現在之需要，鑑時事之潮流，或為執行法律，或為補充法律擬訂公布法規，或對於下級機關及人民團體所訂之章程規則等項予以核准者，隨時有之。除前經報告及列入專類者外，自本年三月起至現在止，經本部審核各項法令，計有關處務、任用、禁煙、調解、繕狀、國際事件等項，茲分類說明如左。

（一）關於處務者

各法院應各有辦事規則，以為行使職務準據，所有處務規則辦事章程、辦事規則皆屬此種性質。除江蘇、河南、陝西、江西、湖南各高等法院暫行辦事規則及處務規程，浙江、湖南高等法院檢察處暫行處務規則，浙江各地方檢察處暫行處務規程，前已經本部核准外，本年二月以後繼續呈請到部者，計有湖北高等法院、襄陽地方法院、湖南各地方法院、河南各縣法院暫行處務規程或規則及熱河高等法院檢察處、湖南長沙地方法院檢察處、江蘇各地方法院檢察處暫行處務規則等件，本部一依從前之例為之審核，其有與現行法令不盡適合者，則為之逐一糾正，其有規定過於繁複者，則為酌加刪節，其有逾越權限者，則為之依法分劃，務期不背法令，便利事實。惟此項處務規則，現時因法院編制法未經改正，暫由各法院斟酌各地方特別情形並參用各該院以前習慣分別制定，由部核准以免有所扞格，將來擬俟法院組織法頒布後，由部依照組織法規定劃一辦法。

（二）關於任用者

考試法未經實行以前，為期得適當人才應用起見，每取從前經各種考試及格或具有一定資格辦理各項司法事務有年積有經驗者甄敍任用，並訂有各項任用規章以資羅致。前經本部核准者有湖北各縣司法委員任用暫行辦法，湖南、河南各縣承審員任用，湖南各縣管獄員任用，河南各縣管獄員及看守所長任用暫行各規章，至本年三月後核准者則有熱河各縣管獄員暫行章程。此種任

用規章本係在考試以前或考試及格人員不敷任用一時之
暫行辦法，現公務員任用條例業已定期施行，以後自當
遵照條例辦理。

（三）關於禁煙者

　　各項禁煙法令在本年三月以後辦理者計有兩種，
一為會同內政部、禁煙委員會廢止現行禁煙罰金充獎規
則，其修訂規則亦由禁煙委員會公布後經本部通令各省
高等法院轉令所屬一體遵照辦理。蓋禁煙罰金充獎規則
係十八年八月本部會同內政部、禁煙委員會公布施行，
年餘間有不盡適用之處，本部前此派員在禁煙委員會討
論時，曾將該規則內所定充賞辦法窒礙情形詳細聲明提
議修改，本年七月經司法院、行政院將修訂規則會同呈
准後，由司法院令行本部會同各主管機關依上開辦法分
別辦理。一為核准福建罪犯戒煙所章程，現在煙犯日
增，監獄及看守所幾至無從收容，故本部前曾通令各省
籌設罪犯戒煙所籍資疏通，而首先擬辦者厥為閩省，此
項戒煙所之設，蓋以代監所之用，凡未決及已決煙犯均
可送所戒煙，其未決人犯在所戒煙期間，如將來該犯受
有罪之判決確定時，以刑法第六十四條之羈押論，至關
於執行羈押等事項並適用監所各項法令之規定，嗣後各
省擬具此項章程呈部自當併予核准。

（四）關於調解者

　　依區自治施行法第二十八條、鄉鎮自治施行法第
三十二條、市組織法第八十二條，區鄉鎮公所均應附設

調解委員會，而調解又不僅限於民事，即刑事亦有之。
萬一辦理不善，從前土劣包攬武斷等弊必致相繼發生，
為防止此等流弊，曾由內政部擬訂區鄉鎮坊調解委員會
事權限制規程函商本部辦理，業經本部根據現行法令暨
最新法例就原章所定調解範圍及與司法機關關係各點詳
為修改補充，經會商同意後，本年八月由內政部主稿，
會同本部分呈司法院、行政院在案。

（五）關於繕狀者

　　訴訟當事人遇有不識文字或不通文理者，從前均
由代書訟棍人等代為擬辦訴狀文件，婪索蒙蔽，其患無
窮，故各省法院多設立繕狀處，指派人員代人民撰擬或
繕寫一切訴訟文件，以防此等流弊。前經本部核准者有
湖南各級法院繕狀處規則，河南各級法院繕狀規則，河
南各縣政府繕狀規則等件。及至本年五月山東高等法院
復呈請援用湖南規則，亦經本部核准。查此項繕狀辦
法，徵之過去情形，於人民頗稱便利，將來各省法院
如有自行擬訂或援用他省規則呈部者，本部當一併予以
核准。

（六）關於國際者

　　關於國際法令，在本年三月以後辦理者計四種，
一准外交部函轉國際聯合會祕書長函請搜集關於中國部
分販賣婦孺之法令章程一案，業經本部將審核情形函
復，並抄送刑法關係條文一件、販賣人口出國治罪條例
一件、禁止蓄奴婢令一件，以資參考。一准駐法使館鈔

送駐法巨哥斯拉夫使館，為該國對於一九一零年五月四日巴黎簽訂禁止販賣白奴公約規定各罪懲戒辦法之現行法律事致法政府節略一件。一准外交部函送據駐法使館呈准波蘭大使館函該國政府及但澤自由城實行一九一零年五月四日巴黎簽訂禁止販賣白奴公約第六條第一項請轉達等由。以上兩件以與司法事項不無關係，均由本部存案留備參考。一准財政部鈔送偽造貨幣國際公約請審查等因，現正在審核中。以上第一、第二、第三各件係關於中外法令相資參考問題，當此國際交通頻繁時代，事屬必要，嗣後遇有相類事件應照前例辦理。其第四件為對於特定事件應否加入國際公約問題，我國應否加入當視加入後所享權利與所負義務是否平衡為斷，若認為應行加入，則現行法令如有與公約牴觸者，即應預籌修訂。關於此類事件，本部常取審慎態度。

七、府院交核事項

此項事件就交核之處所言，有由國民政府及文官處直接交辦者，有由司法院令轉核議者。就交核事件之性質言，有關於法令者，有關於特定事件者，其關於法令者本年八月奉司法院令發准陸海空軍總司令部據財政部呈請以該部所屬緝私隊（即特務團）現在駐防區域兼負陸軍警備責任，凡有違反軍規者，擬援照陸軍刑律審判懲辦一件，當經本部核議，以財政部所編特務團據稱兼任駐防區域警備責任，依陸海空軍刑法第六條規定，視同陸海軍軍人者有地方警備隊官長士兵一項，此項緝私隊如實負有警備地方責任，似可暫照陸海空軍刑法審

判，其他專任緝私者仍當適用普通刑法，以明系統等
語，呈覆司法院如議咨覆陸海空軍總司令部，並由本部
轉令各省高等法院知照並咨行最高法院查照在案。至關
於其他特定事件，由國民政府及文官處直接交辦者，計
人民陳訴十七件、檢察事項二件、減刑一件，共二十
件；由司法院令轉交辦者，計人民陳訴五十四件、檢察
事項十八件、特種犯罪一件、特赦一件、減刑二件、其
他事件五件、共計八十一件。內容太繁不能具述，以上
各項計共一百零二件。嗣後遇有此類事件，本部自當根
據各項法令一照向例辦理。

八、民事事項

　　民事事項與國民利害關係至為密切，如辦理稍有稽
延或裁判稍欠妥協，不免招輿論之譏評，損法院之威
信。除民事訴訟程序尚適用舊法外，自民法施行以後，
凡訴訟事件關於實體上之判斷，皆有成文法以為依據，
在法律範圍以內，本部屬行監督，以免司法人員有廢弛
職務及違背法令之嫌，茲特舉要說明如下。

（一）關於訴訟進行者
　　　茲分為未結案件、已結案件二種分別說明。
（1）未結案件
　　　本部為預防訟累起見，曾通令各省法院凡民事訴
　　　訟自收案日起逾兩月尚未審結者，為遲延案件，應
　　　按月列表報部以憑考核。如所報情形不甚明瞭，
　　　則令其查明呈復，其有因事實窒礙致逾期間者，

則逐案指導，於法令範圍之內示以進行方法，務期案無積壓，以免拖累。此後民事調解法不日施行，當飭令依法厲行調解，以澄清訟源，藉副使民無訟之旨。又新民事訴訟法現已由立法院通過，俟公布施行後，凡簡易案件均擬照法定程序責成各法院實行言詞起訴辦法，以圖訴訟人之便利。

(2) 已結案件

對於各法院已結之案件，則考核其判詞，向來辦法凡訟爭價額在千元以上及人事訴訟之案件，均應按月抄送判詞呈部備核，此項辦法現仍適用。各法院呈送到後，本部逐件考核推事所擬判詞，其斷事精細用法平允者實占多數，然亦間有採用程序援引法例未盡妥協，或判詞內理由不甚完備，或前後自相矛盾者，皆經隨事指示飭各該承辦人員知照，或促其注意（此為形式上之考核，對於各案件實體上之判斷，則留以待上級法院之糾正，不贅一詞），經本部指示後，各該承辦員多能逐漸改進，不致再誤。

(二) 關於執行事件者

民事訴訟不難於判決，而難於執行。各法院執行判決有經多時未能終結者，經本部飭令將執行案件按月列報，其歷久不結之案皆令註明遲延原因，以便考核，其能依法速結無負職責者，則傳令嘉慰，如有處理不當或任意延滯者，則嚴行詰責或飭令查復，至有因事實上

窒礙以致未能速結者，則依現行法令所規定逐案指示，以令進行，並飭該承辦員嗣後注意。惟現行民事執行規則尚覺簡單，此後擬參酌東西各國法例，起草強制執行法案送立法院審定議決施行，以資應用。

（三）關於管收民事被告者

　　管收民事被告者有一定之條件（如有刑事嫌疑，或有履行義務之能力而不履行之類），本部對於各法院管收被告，令其按月作成報告呈部備核，管收期限照管收民事被告人規則，至多不得逾三個月，又被管收之被告應隨時提訊，每月至少不得在二次以下，其有管收原因與規則不合或管收已逾法定期限，又或久未提訊者，均分別飭令注意或開釋以重人權。蓋民事被告之管收乃不得已之救濟方法，須嚴加監督方足以昭妥慎而示體恤也。

（四）關於人民呈訴者

　　人民對於法院之裁判，往往以法官處理失當來部呈訴，其係不服裁判者，如純屬法院審判範圍，若案未確定則批令向該管法院上訴或抗告，若案已確定則批令如有具備再審理由，尚得聲請再審，其因法院延遲不結者，則令飭迅予辦結，其指摘法官違法者，如理由不甚充分，則予以批駁，如有相當理由，則令該管高等法院詳查具復，或由部調取卷宗核辦，若查有違法情事，輕則令其注意或加以儆告，重則嚴加懲處，務期以一儆百，俾各承辦人員均能恪供厥職，其因軍人干涉司法者，則咨請該管上級軍事機關予以制止，其有案關華洋

訴訟者，則咨請外交機關據理交涉，其有事屬行政處分誤向本部呈訴或訴願者，則批令自向各該主管上級行政官署請求核辦，其他關於法院應行改善之事項及應行去袪除之弊端，一經人民陳訴，無不量予採擇施行，以恤民隱而維法治。

（五）關於涉外事件者

際此收回法權時期，外人訴訟事件尤應特別注意，以免口實。現在中外大通，各國僑民在我國法院訴訟者逐漸加多，即尚未放棄領事裁判權之國，其僑民除在法院為民事原告外，其服從我國法律在法院為民事被告者，亦間一有之。本部為厲行監督起見，曾通令各法院凡訴訟事件其原被之一造涉及外國人者，皆應逐件將辦理情形報部，如收案、結案之年月日，已、未結之件數，未結之原因，皆按月作成報告書以憑稽核。其已結者並應將執行情形及裁判繕本具報本部，逐一考核。各法院對涉外案件尚能迅速處理，並無積壓。

（六）關於非訟事件者

自民法施行後，依法律所定各法院應受理之非訟事件日漸增多，吾國向來只有訴訟法，無非訟事件法，處理程序尚無依據。現擬搜集關於非訟事件之成例及材料，以備將來立法機關參考之用。至登記事件亦非訟事件之一，現在舉辦者有二：

（1）不動產登記

此種登記所以保證產權，清弭訟源，於國民經濟、

土地政策俱有重要關係。查各省已舉辦者計有十七省，成績均屬可觀。現在土地法已公布，尚未定施行日期，關於法院不動產登記事項人民依法聲請者，無日無之，未便遽行中止。一俟土地法施行後，再妥擬結束方法以符法制。

（2）法人登記

此種登記之主旨在保護法人權利，並第三人之利益。自民法公布後，本部曾制定法人登記規則及法人登記各項簿冊格式、法人登記聲請書式、法人登記報告書式，通飭法院遵行。惟開辦未久，成效尚未大著。查從前已設立之法人，其登記期限民法上本有規定，而其業經登記呈報到部者殊屬寥寥，恐民眾不諳新制或意存觀望，刻擬通令各法院將法條摘要布告，剴切勸導，以資敦促而重法令。

九、刑事事項

刑事事項為司法事務最重要之部分，不獨人民生命、身體、財產、自由、名譽賴以防衛，且於社會秩序、國家安寧尤有重大之關係，處理既須允當，監督尤應周密。茲將本部關於刑事事項之措施列報於左。

（一）關於督促進行者

訴訟事宜尚敏速而忌積壓，故程序宜求簡易進行，庶免滯遲。自刑事訴訟法頒行後，預審程序毅然廢止，刑事訴訟當事人固已感覺便利，而宣判送達等程序往

往仍有延期之弊。本部除依照刑事訴訟法第一百八十六條、第一百八十七條、第二百四十七條、第三百零九條期限之規定，嚴令遵行外，一面仍飭令按月造具刑事案件進行期間表送核，如發見違背刑事訴訟審限規則者，即予嚴行懲處。至於被告之羈押，除偵查中不得逾二月，審判中不得逾三月，刑事訴訟法第七十三條已有規定不許故違外，仍令造具刑事被告羈押一覽表，按月送部查核。惟以舊表只有羈押人數、日期，關於犯人姓名、性別、案由、羈押原因、延長羈押次數及承辦人員姓名均付闕如，現正改用新表載明前開各項，以求翔實而便稽查。又人民陳訴事件中，有涉於辦案不力或違法舞弊情形，立即令行切查或派員澈查，以資整頓。

（二）關於審核判決者

　　刑事判決確定各案，本部定有報部辦法，其造報之先後即以處刑之重輕為標準，判處死刑、無期徒刑案件專案呈報，並須檢送原卷，其判處五年以上徒刑案件按月彙報，五年未滿徒刑案件以三個月為一季按季彙報，拘役罰金案件年終彙報。此類案件隨到隨核，經審核結果認為無疑義者，死刑即依照刑法第五十三條予以覆准令飭執行，具報其徒刑以下案件均准備案，其中或有程序違法影響不及於判決者，即依照現行法規隨令指示糾正，促其注意，如發見有違背法令者，即令發最高法院檢察署檢察長提起非常上訴，以資救濟，具有再審情形者即分別經過訴訟程序發交該管法院依法再審，處刑過重者即詳具理由呈由司法院轉請國民政府予以減刑，事

實有疑義者即揭明可疑之點令行詳查呈核，其經兼理司
法縣政府判決之刑事案件，屢有審判違法而事實又不明
瞭者，本部隨時令飭提起非常上訴，並指示發回高等法
院更為審判，總期案無冤抑，情法得平。本部對於承辦
各案之人員處理不當者，分別情形，重則撤職，輕則加
以儆告，在監督上不敢稍涉鬆懈。又刑事涉外事件無論
已結、未結均須將辦理或終結情形造具表冊按月報部，
以便查核有無違誤，而免外人藉為口實。綜計此期內覆
准死刑人犯九十八名，均係殺人案件，覆核無期徒刑人
犯五百二十二名，內有強盜案三百十四件、強姦三件，
餘均為殺人或傷害等案。

（三）關於改良刑事政策者

　　刑罰之目的原在防遏犯罪，欲防遏犯罪非就當時
社會情形著想決難收效。我國素無各種犯罪之統計，不
但犯罪總數之增減若何，未由稽考，即犯罪人之心理及
外因內因並防遏之方法，亦無從研究。本部對於：

（甲）刑法第二編第一章至第四章及第六章之犯罪，

（乙）反革命及土豪劣紳之犯罪，

（丙）以文字圖畫演說及其他方法淆亂政體，妨害治
　　　安，敗壞風俗等項之犯罪，

（丁）手段方法特為巧妙，或殘虐之各種犯罪，或有
　　　危害於國家或阻礙我黨革命進行，或有妨於社
　　　會秩序，或屬犯人特種惡性，

特飭專案詳細報部，以期探求其犯罪之原因，準備於改
良刑事政策上獲得防遏之方法。現正搜求各國統計材

料，擬定刑事詳細統計表，俾得就已往之事實而亟謀改良之對策。

十、監所事項

　　查監獄之推廣及職員之任免懲獎已見前文，此外應行整頓事項約分事務處理、人犯執行及成績考核數種，業於上屆本部工作摘要報告書內分別列入。茲復將事務處理及釐訂規程兩種繼續報告如左。

（一）關於事務處理者

（1）注重戒護

　　　前因各監所人犯時有暴動脫逃情事，曾通令各省高等法院轉飭嚴密戒護，對於反革命人犯尤須特別注意嗣因地方不靖，戒護宜更加嚴密，復經令飭一面遵照前令切實整理，一面商請當地軍警派人協助，務使暴動脫逃之事不再發生。

（2）擴充作業

　　　查作業為自由刑之要件，乃查各省監獄往往因作業基金無多，人犯不能全體工作，殊與監獄規則規定勞役之本旨相背，迭經本部令飭擴充，並由高等法院撥借基金俾便進行。

（3）注重感化

　　　查各監獄教誨用書，前令飭送部審核，迭據各省呈送前來，業經詳加審核，分別去取，令飭遵辦，教誨教育月報表亦據照式填送，分別考核，冀收感化實效。

（4）實行視察

　本部對於各監所辦理情形，前經令飭各法院按期視察，並以視察之結果填載監所視察報告單據實呈報，以便嚴密考核，迭據各省將前項報告單填送到部，當經分別考核，其有應行改良之處均詳細指示令飭遵辦，並據將遵令改良情形呈報備核。

（5）講求衛生

　查監所衛生於人犯身體性命綦關重要，前經訂定監所衛生事項月報表式，並詳註填載方法，令發按月照填呈報查考，嗣因各省監所多未遵辦，復經令催，去後即據廣東、福建、浙江、江西、山東、江蘇、貴州、湖南、湖北、綏遠、遼寧、黑龍江等省各監所按月填表轉呈查核，遇有應行改良之處，均經詳細指示切實遵行，對於人犯口糧一項尤加注意，少則每食不飽，多則公款虛靡，規定預算不可不慎，並通令各省高等法院因地制宜，妥為規定，以免此有餘而彼不足，致人犯有苦樂不均之感。

（6）保護出獄人

　本部前因出獄人保護團體綦關重要，曾布告社會人士群起組織，並制定出獄人保護事務獎勵規則，令發各省高等法院長官極力提倡，以期多所成立。旋據福建呈報擬定提倡辦法，廣東呈報召集出獄人保護團體籌備大會，已推定籌備委員，浙江呈送出獄人保護會簡章，先後到部，當經分別指令積極進行，隨時具報，惟浙江所呈之簡章曾否經當地高級黨部覆核，未據聲敘，並指令查

明尚未具復。

（二）關於釐訂規程者

查看守所暫行規則係於民國十七年七月間由前司法部公布在案，嗣因該規則內容尚欠完備，當經本部修正於本年五月間公布。

十一、律師事項

律師為司法上三大職務之一，所以保障人權、贊助法治，關係至為重要。本部對於律師事件於審核監督方法特加慎重，現行律師章程及律師登錄章程因時異事殊，施行間有窒礙，已由部擬定修正律師章程草案呈院核示，各省呈報律師公會會則均由部隨加審核，分別改正，嗣後本部體察情形，如有制定統一會則之必要時，自當詳密制定公佈施行。至發給律師證書暨律師登錄及撤銷登錄等項，悉照定章辦理，各省律師懲戒委員會亦經本部制定規則通飭遵辦，各省先後呈報組織成立。關於外國律師事項，因江蘇高等法院第二分院與上海特區法院暨東省特別區域法院基於特別規定，其具有相當資格之外國律師仍准代表該外國當事人出庭，本部於十九年三月間擬定外國律師請領證書程序布告周知，計自四月一日起至現時止，發給在江蘇高等法院第二分院及上海特區地院管轄區域內執行職務之外國律師證書共四十八人，已聲請核准登錄者計禮明等四十二人，其在東省特別區域執行職務之俄籍律師現經核准於本年九月四日換給新證者共五十四人，本部於七月間據江蘇高二

分院呈以上海律師公會會員多兼在上海特區法院管轄區域內執行職務，除受上海地方法院首檢之監督外，應兼受特區地院首檢之監督，其在特區地院執行職務者，如有違反章程會則之行為，似應由職院另組律師懲戒委員會以資處理等情請示前來，經部照准指令遵辦，旋據該院呈報遵照組織成立在案。

十二、法院監所建築及設計事項

法院監所之構造設備完善與否，影響於事務處理及犯人身心者至為重大。是以本部特設技正室常司工程上之設計及審查，以期凡所興建皆合實用。本期內所設計工程其重大者，則有上海真茹之法醫研究所及廣東、湖南兩新監，其餘審定各省法院、監所工程計四十餘件。其間以一部份之添造或修理改造為多，新建者僅十之二三，計製新圖六十七張，茲擇要說明如左。

（一）關於法醫研究所之設計

為改良檢驗事務，研究法醫，特設是所，以備臨時收容刑事案中屍體及檢驗傷害，並研究法醫學術之用，地點在上海之真茹鎮，基地佔十三畝有奇，建築為兩層樓房，實佔面積一百十一方丈有奇，內有安置屍體之冰室，能容屍體四十具，醫生察驗解剖等室計大十六方丈以上，餘如Ｘ光照相、圖書陳列及講演辦公等室，均一一配置齊備，規模雖未臻宏大，而一部工作已應有盡有，現已本月開工，約計明春可以竣工。

（二）關於廣東湖南新監之設計

　　該二監均為現時新規模建築，一設在廣州市，能容男女犯一千另五十六人，病監能容一百十三人，基地佔二十九畝，因基地踽促，故大部監房均用二層樓房，內分數部，計有男雜居監、男分房監、女監、病監、工場、辦公室、看守室及日用群房等，建築面積共占一千三百四十二方丈有奇。一設在湖南長沙，能容男女犯八百七十二人，又病監九十八人，基地六十七畝，本於民國六年計劃建築，因經費未集，僅先建男監二翼，乃迭經兵事，毀敗無餘，現依最近改良諸點重新設計，內計男雜居監容五百六十人，男分房監容一百六十人，女監容一百二十五人，幼年監容六十七人，又病監容九十八人，工場一百九十方丈，衛生工場暨日用群房等二百九十餘方丈，辦公處七十六方丈，看守室八十六方丈，共一千四百另四方丈，一俟軍事結束即可開工。此二監所定監房大小均較普通舊監為寬，故建築面積所需特大，經費亦較為加增，其注重之點有四：

（1）各監房注重適宜氣積，力求合乎衛生，不使有湫溢壅擠之弊。

（2）多建分房使占全數四分之一以上，與雜居絕然分立，以期管理之畫一。

（3）寬設病監，占全數十分之一以上，而病房氣積每人均達一千立方尺以上。

（4）廣設群房，良以日用群房，如炊場、洗濯、浴室、廁所，俱關人犯衛生，於全監秩序所關尤重，故廣為設備，計占全監面積十分之三。

此皆近年改良監獄計畫之優點也。

本部前曾擬定訓政時期工作分配年表，其大綱有七：一曰籌設全國各級法院，二曰籌設全國各種新監，三曰整理全國原有法院監所，四曰訓練司法人才，五曰籌備蒙藏司法事務，六曰實施並發展關於司法之各種事務，七曰確定司法經費。分年籌備，端緒紛繁，本部所殫力以經營者，尚未盡其百一，其中最大原因，實受時局之影響。除西北各省聲教尚未盡通外，南部區域亦間有萑苻未靖，所有應興應革各項，事實上多不能照預定計劃依期進行，毖後懲前，良用悚惕。現在大局已定，訓政工作刻不容緩，司法事務自當傾注全力逐漸進行，以期修明法治，計日程功。此則本部之職責攸關，不敢稍懈者也。

司法行政部收文統計一覽表

自十九年三月六日起至十月十五日止

類別＼月別	三月六日起至三月底止	四月份	五月份	六月份	七月份	八月份	九月份	十月一日起至十五日止	合計
呈	1,694	2,185	2,030	1,977	1,760	1,497	1,786	938	13,867
公函	42	54	56	50	50	38	51	17	358
咨文	24	34	33	36	20	24	17	15	203
訓令	62	43	43	34	51	29	49	30	341
指令	21	42	52	45	46	27	29	14	276
委令			10						10
便函	48	42	75	69	60	56	54	36	440
電	38	63	50	90	80	77	78	57	533
總計	1,929	2,463	2,349	2,301	2,067	1,748	2,064	1,107	16,028

司法行政部發文統計一覽表

自十九年三月六日起至十月十五日止

類別＼月別	三月六日起至三十一日止	四月份	五月份	六月份	七月份	八月份	九月份	十月一日起至十五日止	合計
呈	30	72	59	57	55	37	37	18	365
公函	71	90	90	74	96	64	89	23	597
咨文	10	22	8	16	14	20	3	7	100
訓令	185	277	175	165	174	130	175	64	1,345
指令	889	1,540	1,415	1,416	1,211	980	1,058	464	8,973
委令	167	181	310	185	203	79	147	27	1,299
部令			2	1	1	2			6
布告		1			2	1			4
電	11	27	21	22	23	18	14	12	148
批	96	139	121	110	113	97	115	60	851
便函	4	2	8	22	12	17	21	2	88
律師證書	47	84	67	86	74	67	75	24	524
總計	1,510	2,435	2,276	2,154	1,978	1,512	1,734	701	14,300

最高法院

　　本院十九年二月十六日以前工作情形業經分別報告
在案，其自二月十六日以後至十月二十日止之工作狀
況，本於述職之義，自亦不能不有詳細申報。惟法院情
形與其他行政機關略有不同，法院職司平亭，其重要事
務為裁判民刑事件，在未裁判以前關於訴訟程序之審
查，下級法院之認定事實適用法則，均須先為審究，手
續至為繁重，即以進行上所必要之簿冊一項言之，亦具
二十餘種之多，迨裁判結果僅可謂為辦理一案，因之工
作考核自不得與其他行政機關同日而語，此應先行聲明
者。茲將本屆應行報告事項分陳於左。

一、　裁判民刑案件

　　本院自十九年二月十六日起計收各項文件總共一
萬七千四百七十三件，除屬行政事件隨到隨予處理，無
稍延擱外，屬於民刑裁判案件，當即分別送庭審判，
各推事每月限結辦至少在十五起以上，其以判決終結
者則以實數計算，若以決定或裁定為裁判者則以兩件
作為一件計算，或有因病因事請假者亦須於銷假後分
別補足。結至十月二十日止，關於民事案件計結三
千七百三十二起，刑事案件計結二千一百二十五起，共
計五千八百五十七起。就推事員數平均計算，每員審結
俱有過無不及者。至於審判程序在開始評議以前，先由
主任推事報告審查經過，次由參預評議各推事分別研
討，最後再由審判長詳慎審核提出評議，從多數決議始

得定讞。此本院努力於民刑結案之工作情形也。

二、解釋法令

本院重要職務除裁判外，尚有解釋法令之一端，裁判情形前已略述。當茲法規尚未完備之際，一切法令上待決各疑問悉賴解釋，以為補充。計自二月十六日以後奉由司法院發交，及各機關或各法團直接請求解釋之件，共三百六十二起。此項解釋由本院院長及各庭長斟酌條理，參考習慣，共同討論，擬具解答案後，呈由司法院核定公布。除現正斟酌討論者外，其已經解答呈請司法院核定者，計一百七十四起。此本院努力於法令解釋之工作情形也。

三、編輯判例及解釋例

最高法院判例及解釋例，在學說上本有認為法典淵源之一，況當各項法規未備之候，為使人民明瞭法治現況，及下級法院有所準繩起見，關於現有判決及解釋例自非分別彙集不足，以宏致用。爰於三月間設立民刑判例解釋編輯委員會，凡屬本院推事一律兼任編輯事務，本院庭長一律兼任總編輯事務。自本院成立之日起至十八年十二月止，所有民刑判例及解釋例盡數分類摘要編輯，其在十九年一月以後者一俟前編竣事再為繼續搜集，現已將前編分別編就，正在覆加考核之中，即可完竣。此本院努力於編輯判例及解釋例之工作情形也。

四、研究黨義

司法官之任用必須以深明本黨主義者為標準，此為二中全會振刷政治決議案第十四項所明定，況當訓政開始，自不容再有不明黨義之現任法官。本院於中央訓練部派員測驗之後，雖知現任人員對於黨義均能了解，然猶恐其視為故常不加細究，仍於每星期一日對於現任人員以筆試或口試測驗一次，行之無間。此本院努力於研究黨義之工作情形也。

五、注意涉外案件

本院對於涉外案件為免隔閡，期敏捷起見，定為特別輪次指定資格較深及通曉外國文字各員分別輪辦，其對於江蘇高等法院第二分院即前上海上訴法院判決不服案件，雖未必盡屬涉外案件，但以該地因係商業中心，民商事訴訟事件實較他處為繁，故亦準用涉外案件辦法以利進行。此本院特別注意涉外案件之工作情形也。

六、規復刑事第三庭

本院原設刑事三庭、民事四庭，分別辦理民刑案件，嗣因接收大理院舊案，以民事為最多，遂本當時需要，改為民事五庭、刑事二庭，並分由江蘇、浙江、廣東、福建、湖北、江西、河北、安徽各省高等法院咨調資深推事共計九員來院幫同清理積案，清理結果在民事雖有成效可觀，而刑事則又不免積案激增，於是又有呈准暫時規復刑事第三庭之舉，在當時係就本院原有推事

協同清理積案推事合組成庭，已於前屆工作報告中業經詳細具陳在案，惟清理積案推事初限只有半年，嗣後雖因事實上需要呈准延長半年為一年，然至本年九月一年期限亦已屆滿，在各該高等法院既不能久懸一缺，任其重要人員常為本院清理積案，在本院則環顧囹圄待讞仍繁，況當河南、河北、廣西各省交通先後恢復，民刑案件有增無減，民事就原有五庭人員配受尚可勉強應付，而刑事則僅設二庭實已不敷分配，爰定根本規復刑事第三庭計劃呈准施行，現已組織就緒，遴員請簡。此關於本院規復刑事第三庭之經過情形也。

　　以上所述皆屬本院本年二月十六日起至十月二十日止工作之實在情形，除將各項表冊繕同附呈外，合總報告以供鑒核。

最高法院民事結案表

民國十九年二月十七日起至十月二十日止

年月＼類別	判決	決定	和解	撤回	其他	合計
十九年二月十七日起	103	153		9	3	268
三月份	202	218	3	5	4	432
四月份	196	215	1	3	25	440
五月份	209	222	1	2	6	440
六月份	240	297		2	4	543
七月份	224	268	1	5	2	500
八月份	226	221		1	4	452
九月份	193	220	2		2	417
十月二十日止	122	118				240
總計	1,715	1,932	8	27	50	3,732

備考

查本院十九年二月十六日以前工作狀況業經報告在案，故本表從十九年二月十七日起至十九年十月二十日止，合併聲明。

最高法院刑事結案表

民國十九年二月十七日起至十月二十日止

年月＼類別	判決	裁定	撤回	移送民庭或檢察署	合計
十九年二月十七日起	208	23			231
三月份	227	30	4	2	263
四月份	241	32	6		279
五月份	234	32		1	267
六月份	206	30	1		237
七月份	199	34	1	3	237
八月份	240	24	3	1	268
九月份	166	41		13	220
十月二十日止	114	9			123
總計	1,835	255	15	20	2,125

備考

查本院十九年二月十六日以前工作狀況業經報告在案，故本表從十九年二月十七日起至十九年十月二十日止，合併聲明。

最高法院收文分類表

民國十九年二月十七日起至十月二十日止

年月 \ 類別	行政文件	解釋文件	民事文件	刑事文件	合計
十九年二月十七日起	58	23	575	234	890
三月份	128	28	1,454	544	2,154
四月份	93	52	1,532	637	2,314
五月份	139	53	1,623	564	2,379
六月份	122	47	1,495	789	2,452
七月份	117	35	1,150	478	1,780
八月份	103	42	1,302	326	1,973
九月份	193	51	1,338	660	2,242
十月二十日止	87	31	816	355	1,289
總計	1,039	362	11,285	4,787	17,473

備考
查本院十九年二月十六日以前工作狀況業經報告在案，故本表從十九年二月十七日起至十九年十月二十日止，合併聲明。

最高法院發文分類表

民國十九年二月十七日起至十月二十日止

年月 \ 類別	呈	解釋	咨	公函	電	訓令	指令	批	委令	佈告	合計
十九年二月十七日起		6		703						24	733
三月份	3	13	1	1,466	6	3			1	68	1,561
四月份	1	39		1,598	3	2		2	1	57	1,703
五月份	2	22	5	1,666	1	8	5	2	1	74	1,786
六月份	5	9	5	1,211	3	5	2		1	50	1,291
七月份	4	22	1	1,267	1	4	2	4		65	1,370
八月份	5	37	2	1,352	3	6	2	6	2	59	1,474
九月份	2	26	5	1,528	4	3	2	3	1	55	1,629
十月二十日止	1		1	551	2	2	3	1	2	26	589
總計	23	174	20	11,342	23	33	16	18	9	478	12,136

備考
查本院十九年二月十六日以前工作狀況業經報告在案，故本表從十九年二月十七日起至十九年十月二十日止，合併聲明。

考試院報告書

　　本院之重要職務，一在考選以遴拔人才，一在銓敘以澄清吏治。自本年一月間先後成立銓敘部、考選委員會分掌其事，督促進行。惟制度草創伊始，不得不審慎從事，而軍閥相繼叛變，推行尤多窒礙，是以歷時十月收效未宏。茲謹將三月以來關於考選、銓敘之工作摘要，縷陳如左，其詳細情形則由考選委員會、銓敘部另冊呈報。

一、關於考選事項

　　考試法雖經公佈，而附屬之各種考選法規尚未完備。自三月以來所擬各種考選條例頗多，現在統一告成，正式考試時期當不在遠。惟在此正式考試尚未舉行期中，各項行政司法人員需用考試人才又甚迫切，如浙江、江西、江蘇、綏遠等省呈請舉行縣長考試，浙江、熱河二省呈請舉行地方教育行政人員考試，司法行政部呈請舉行法官初試考試，均經本院依照縣長考試暫行條例、教育行政人員考試條例及法官初試條例分別核准呈請簡派或院派典試委員組織典試委員會先後舉行，使青黃不接之秋，仍得登用考試人才，將來擬加覆核，正式確定其資格。

二、關於銓敘事項

　　考試法實行之後，凡政府任命之公務員均須經過考試定其資格，而對於現任公務員既未便令其全體入

考，使政務停頓，自須加以甄別審查，方昭公允。現正
遵照國府公佈現任公務員甄別審查條例積極進行，有已
審查完畢給發證書者，有尚在審查中者，一方呈請國府
通令各機關限於本年內一律填送公務員甄別審查表，務
期於最短期內審查完畢，而後舉行考績，完成訓政時期
內關於銓敘方面各項之工作。至於公務卹金審查事項，
在官制官俸尚未統一之前，仍照原有之卹金條例施行細
則，略加修正，繼續辦理。

　　以上為考選及銓敘工作之犖犖大者。至於考試及
銓敘之進行，有待於調查統計之材料甚多，現正分別從
事搜集製成各種統計表，以為將來事務進行之參考。又
本院職掌全國銓衡，自應廣搜中外書籍以為充實學識之
用，則圖書館之設置實不容緩，乃勘定於本院署後建造
中國肇飛式圖書館一座，已於八月間由商人投標承建，
限期於本年內完成。至於考場之建築，業已繪圖設計，
一俟經費確定即可招商投標承建，此種建築有關於本院
考試事務之進行，故特附帶說明。

考選委員會

考選委員會於民國十九年一月六日奉令成立，所有主管行政事務悉依據考試法及考選委員會組織法之規定，經會討論議決執行，以重職責。其關於考試事項，則遵照考試院呈奉核定之訓政時期考試進行方案以為準則，俾期按步推行，見於實施。查本年三月一日舉行三中全會時，本會所擬法規僅有尚未完成之考試法施行細則及典試規則二種，曾經報告在案。現在時閱八月，在此時期中所有依照方案續行擬定各項法規及已經舉行與正在辦理之中各項工作，足資報告者謹摘要縷陳如左。

一、擬定考選法規事項

（一）考試法施行細則

（二）典試規程

（三）監試條例

（四）襄理考試條例

（五）應考人專門資格審查規則

（六）檢定考試規程

（七）候選人員考試法

（八）高等考試外交官領事官考試條例

（九）高等考試教育行政人員考試條例

（十）高等考試衛生行政人員考試條例

（十一）高等考試財務行政人員考試條例

（十二）高等考試司法官律師考試條例

（十三）高等考試會計人員會計師考試條例

（十四）　高等考試監獄官考試條例

（十五）　高等考試統計人員考試條例

（十六）　高等考試西醫醫師考試條例

（十七）　高等考試藥師考試條例

（十八）　普通考試行政人員考試條例

（十九）　普通考試教育行政人員考試條例

（二十）　普通考試工業技術人員考試條例

（二十一）　普通考試農業技術人員考試條例

（二十二）　普通考試監獄官考試條例

（二十三）　普通考試法院書記官考試條例

（二十四）普通考試衛生行政人員考試條例

（二十五）　引水人考試條例

（二十六）　河海航行員考試條例

（二十七）　法官初試暫行條例

（二十八）　法官初試典試委員會典試規則

（二十九）　考試覆核條例

二、籌備各種官吏考試及候選公務員考試事項

（一）核議縣長考試資格

　　（說明）此案奉考試院訓令，准國府文官處函交南京第十區第一分部擬具對於縣長人選暨各項意見一案抄發原呈原函暨附件，令會同銓敘部核議呈覆，當以原呈內所列縣長考試及提高縣長考試資格兩項係屬本會主管範圍，遵即開會提出討論。僉以縣長考試包括在高等考試範圍之內，本會對於高等考試各種考試科目現正從事擬訂，一俟全部科目決定即可定期舉行考試，原呈所

擬關於考試諸端，自應在擬定科目時儘量參酌採用，以
期妥善而利實施等由，議決紀錄在卷。嗣准銓敘部對於
原呈所列縣長任用及考核各項擬具意見送會，復經併案
討論往返磋商意見，僉同會覆呈候核奪，經奉指令仰候
函請國民政府文官處查照轉陳核定。

（二）核議各種考試資格限制不能撤銷並予黨員以參加
　　　一切考試之補救辦法

　　（說明）此案奉考試院訓令，准國府文官處函准
中央執行委員會祕書處函，據上海特別市執委會呈請撤
銷資格限制，予黨員以參加一切考試之機會等情，奉常
務委員批諭交國府酌量辦理等因，經呈奉主席諭交考試
院酌量辦理等因，抄同原函請查照等由。查關於考試資
格從寬限制一事，前准中央執行委員會祕書處函以據南
京特別市執委會呈，為救濟一般不能在學校畢業者起
見，請釐定考試資格時列入同等學力一條，轉請查照參
考等由到院，當經復以考試法第四條及第五條均已有此
規定，並行知該會有案，是項規定本屬事實上補救限制
資格之一種，惟此外有無其他補救辦法，自應詳加討
論，仰核議具復以憑核奪。遵經提會討論，僉以關於撤
銷資格限制經奉中央執行委員會常務委員批示不能撤
銷，自應遵辦，至於有無其他補救辦法一節，查考試法
第四條第二款及第五條第三款均有同等學力之規定，自
可引用，此外公務員任用條例第二條第三款及第三條第
四款、第四條第五款亦各有致力革命年期之規定，儘可
依照辦理。依上項各種條文所規定，認為妥善，實足資

補救，無須另訂辦法等由，議決紀錄在卷，經呈請鑒核施行。

（三）核議中央陸軍軍官學校軍官研究班政治科畢業
學員參加考試資格

（說明）此案奉考試院訓令，據中央軍校軍官研究班政治科畢業學員葛枯林等呈稱，該員由軍官研究班畢業，在學校系統上處於畸形地位，應如何規定資格俾得參與各種考試，請核示，令核議呈復以憑辦理。遵經提會討論，僉以軍官學校政治科入學資格及試驗科目、教授學科、修業年限與畢業後之用途各項規定不甚明瞭，應先函請中央陸軍軍官學校查復再行核辦。經函達中央陸軍軍官學校請其對於上列四項詳覆過會，經准中央軍校函以此案前奉訓練總監部令飭，將此項學員普通學制資格核具意見呈覆核辦，當以此項學員普通資格及軍事學制資格，擬以其入校前係某等學校出身即仍以某等資格待遇，對於軍事學制資格即以中央陸軍軍官學校畢業資格待遇呈復核辦在案，茲將函詢四項另紙開明，請查照並檢送畢業學員教育情形一紙到會。又奉考試院訓令，據中央軍校軍官研究班政治科畢業分發江西省黨部實習員全體電稱，江西縣長考試審查資格，該員均被摒棄，請准予應試等情，令核議具覆。又據軍官研究班政治科畢業學員王禹九等函詢與試資格如何情形，請覆示。又奉考試院訓令據中央軍校軍官研究班政治科畢業分發廣東省市黨部實習員李志卓呈請明白規定文科考試與國立大學各種專門畢業相等，武科考試與陸軍步科畢

業相等等情，令一併核議具覆察奪。經提會併案討論，
僉以關於該員等軍事學制資格已由中央軍校核定，以中
央陸軍軍官學校畢業資格待遇有案，無須再行討論。至
普通學制資格一項，中央軍校僅以其入校前係某等學校
出身，即仍以某等資格待遇等語函覆，並未將該校畢業
資格明白規定。查該校政治教育之課目，關於社會科學
方面學科程度比較現在各大學專科學校不盡適合，此項
畢業人員以之應普通考試自無不可。如以之應高等考試
似嫌不足。惟查該校學員入校資格有由黃埔軍校畢業
者，有在各軍事機關服務政治工作一年以上經保送入校
者，其原來學校出身之程度有在中學師範畢業者，亦有
在各大學專科學校肄業者，又經相當期間之訓練，勞績
經驗均有足錄，若不予以參加考試機會，似亦有欠平
允，可否變通辦理，准其有投考高等行政人員及高等警
察行政人員兩種考試資格之處，應呈請核奪等由，決議
紀錄在卷。經呈奉指令，所議尚屬可行，應准照辦，除
分別批令該學員葛枯林等遵照外，仰函轉中央陸軍軍官
學校轉飭該班畢業人員一體知照，經函達中央陸軍軍官
學校查照轉令知照。

（四）核議區長考試及任用辦法

　　（說明）此案奉考試院訓令，准行政院咨據祕書處
轉陳准內政部函稱，本部核議浙江省執委會呈請依照第
三次全國代表大會決議案，以曾經訓練考試合格黨員充
任籌備地方自治人員一案，查以黨員充任區長籌備自治
自屬正當辦法，惟各省情形不同，黨員之多寡亦異，如

原呈所稱是否足敷分配，實已成為問題，擬先由本部通
行各省，對於訓練區長先儘黨員招考，其已訓練合格之
人員亦先儘黨員委用，至於區長考試如何舉行，擬請鈞
院轉請考試院迅賜核辦轉陳示遵等由，咨請查照抄發文
件，令核議經提會討論。僉以縣組織法第三十三條內載
區長民選實行以前，由民政廳就訓練考試合格人員委任
之等語，是區長須就考試合格人員加以訓練後，方可委
任。又公務員任用條例第四條規定，委任官遴委資格第
一款即普通考試及格者，區長既屬委任官，自應以委用
普通考試合格人員方為合法。惟依縣組織法施行籌備自
治限期舉行，區長責任綦重，考試法雖已奉令公佈施
行，而舉行普通考試本會正在籌備期間，內政部十八年
頒佈之區長訓練所條例既經本院存查有案，本年二月三
日院長覆楊部長函亦有此時各省需用區長自可暫照區長
訓練所條例選用之語，是依該條例訓練及格之區長自不
能不認為各省根據中央法令辦理。此後應一面由會積極
籌備，在最短期間舉行普通考試，以考取正途出身之區
長，一面俟覆核條例公布後，將各省區長訓練所畢業之
區長資格加以覆核，分別予以承認，則與中央政治會議
第二百零七次會議通過之內政部主管事務分年進行程序
表儲備人才項下，考試訓練及任用地方自治人員欄內，
應由內政部商承考試院考試區長，或由考試院酌量情形
委託各省政府辦理之旨不甚相遠，法律事實亦得兩相參
酌，不失聯貫。再查內政部一面提出地方訓政人員養成
所條例草案，於立法院主張訓練縣自治籌備員，一面頒
布區長訓練所條例，通飭各省一律舉辦，其意本將區長

與縣自治籌備員劃分兩事，雖訓政人員養成所條例經立法院議決不成立，第按之第三次全國代表大會決議確定地方自治之方略及程序，以立政治建設之基礎案，其實行程序第三項由國民政府選派曾經訓練考試及格之人到各縣協助人民籌備自治，此項人員並決定以黨員為限，惟有變通辦理，將區長與籌備自治人員即認為兩項職務。在區長但求訓練考試合格，不必盡限於黨員，至籌備自治人員無論其為經過考試及訓練之區長充任，或以曾受相當考試及訓練之人員充任，均限於黨員始得遴任，如此分別辦理。此項籌備自治人員每縣一人或兩三縣一人，且屬臨時協助性質，與區長之量多而職專者不同，事實上自少窒礙，而對於三全大會決議案及中央政治會議決議案亦無抵觸，可收推行盡利之效等由，決議紀錄在卷，經呈奉考試院指令查核，所議尚屬可行，候咨行政院查核轉飭內政部遵照。

（五）建築考場計畫

　　（說明）此案經交本會專門委員第三組主任盧毓駿設計，旋據擬訂計劃繪製圖案附具說明送會，經交專門委員各組主任及陳祕書長有豐會同審查，預備意見，由黃委員序鵷召集。經審查結果報告提會討論議決，仍交專門委員盧毓駿照審查報告各點將計劃修正再行提出下次會議決定。經修改圖案報告復提會討論，議決照修改圖案通過呈院核奪。經檢同圖案二十張、考場桌椅圖案一張，呈請考試院鑒核施行，奉指令所擬尚屬妥當，仰將詳細預算趕速妥擬呈候核定，經交專門委員盧毓駿妥

擬送核。

（六）核議考試區域

　　（說明）此案准考試院祕書處函據北平特別市自治討論會張繼等電稱，各項考試地點宜設北平，抄電送核辦。經會討論，以考試關係全國，須分區舉行，北平地方重要，自當列為重要考試區域之一。現在從事研究，俟分區地點決定即呈請公布。經函達轉覆並交專門委員審議，據擬具考試分區之標準報告提會討論，經議決依照考試法第七條規定辦理，不必另行劃分區域。

三、行使委託考試事項

（一）核准建設委員會舉行直轄之首都、戚墅堰兩電廠及長興、淮南兩煤鑛局學習會計工程及事務人員考試
（二）核准江蘇省舉行承發吏考試
（三）核准湖南省舉行司法書記員考試
（四）核准江蘇省舉行承審員考試

四、核准各項行政人員考試事項

（一）核准江西省舉行縣長考試

　　（說明）此案奉考試院訓令，准行政院咨據教育部、內政部會呈江西省政府擬舉行縣長考試，除典試委員長由本省政府主席兼任外，加倍擬定典試委員十二人，開具名單履歷請轉呈核派六人，咨請核辦仰議定員名呈候核定。經會議決，就擬送名單內核定徐元誥、蔣

炭、蕭贛、郭一岑、周介禂、黃介民六人為典試委員，
並擬定劉天鐸、仇鰲二人為中央簡派之典試委員。嗣奉
考試院訓令據江西省縣長考試典試委員會長魯滌平電
稱，徐元誥、黃介民辭職，應否就原保名單內補派充
任，乞核示仰核議迅復以憑核辦。復經會議決，准予徐
元誥、黃介民辭職，擬定改派陳劍修、熊遂為典試委
員，並准該省政府保送襄校委員四人，經會議決核定羅
崇倫、柳藩國、張有桐、熊公哲、梁仁傑、詹恪愚、黃
時傑、邱纘祖、劉文濤九人為襄校委員，張有桐、詹恪
愚因事未到差，由該省政府補聘巫啟瑞繼任電呈到會，
先後呈請分別轉呈至簡派，經奉指令照准並電達該省政
府知照。

（二）核准綏遠省舉行縣長考試

（說明）此案奉考試院訓令，據綏遠省政府主席
李培基電稱，現因開始縣長考試，自應照章組織典試委
員會，除典試委員長由職兼任外，其中央應行簡派典試
委員二人，因綏遠距京窵遠，擬援照縣長考試暫行條例
第十七條邀請免派，並援照第十八條第二項呈請加派綏
遠省指委趙偉民、紀守光二人，省府應請簡派之典試委
員擬定四人，內二人由省府現任委員充任，加倍擬定為
陳賓寅、馮曦、仇曾詒、張欽四人，請擇呈簡派，其餘
二人業已聘請山西大學法科教授張嘉琳、陰毓桂二員擔
任，惟以大學教授及政治學識經驗專家在綏遠省頗難延
聘，故未加倍擬定，除電呈行政院備案外，請迅核轉請
簡派，抄發原電仰核議具復。經提會討論，核定趙偉

民、紀守光、陳賓寅、張欽、張嘉琳、陰毓桂六人為綏遠省縣長考試典試委員，中央應派之典試委員援照條例第七條之規定免予簡派。又據綏遠省縣長考試典試委員會電稱，襄校委員名單業經呈報考試院，或因交通阻隔尚未到京，前以久未奉復而考期迫促，故已權由敝會聘任于存灝、沈業勤、李正樂、任承統、張秀升、姬慕文、郝秉讓、王謙、劉慶萇等九人，除將各員履歷另文補報外，請核派備案，旋准函送履歷到會。經提會討論，以該省縣長考試籌備日久，急待舉行，典試委員既經簡派，則此次該省所擬定之襄校委員自應准予照派，經先後呈奉指令照准並經電達該省典試委員會知照。

（三）核准江蘇省舉行第二次縣長考試

　　（說明）此案奉考試院訓令，准行政院咨據內政部、教育部會呈准江蘇省政府咨江蘇擬舉行縣長考試，請會同加倍擬定中央典試委員轉呈簡派等由。查該省請會擬中央典試委員轉請簡派，核與縣長考試暫行條例第十五條第二款及第十七條前半段規定相符，除咨請將該省所擬典試及襄校各委員履歷送部呈核外，茲加倍擬定中央典試委員四人，請轉呈核派二人等情到院，當經轉呈核定令派在案。奉國府指令，現在考試院業已成立，此案在縣長考試暫行條例有效期間內應由該院咨會考試院辦理等因，查江蘇舉行縣長考試，該部加倍擬定典試委員四人，請簡派二人，係依據十七年十月國府公佈之縣長考試暫行條例第十七條辦理，現在縣長考試暫行條例已由國府另行制定公佈施行，舊條例當然失效，按照

新頒條例第十七條之規定，中央典試委員應由貴院呈請
簡派，咨請查照辦理等由，仰迅即議定員名呈候核奪。
又奉訓令據江蘇省府政府主席鈕永建呈稱，加倍擬定葉
楚傖、繆斌、陳和銑、劉蘆隱、陳立夫、張道藩、夏
勤、馬寅初、樓桐蓀、戴修駿、劉季平、張相文等十二
人為典試委員，請核定並請簡派中央典試委員，除飭將
遴請之典試委員履歷補繳備查外，仰將員名分別議定具
覆以憑核辦。又奉訓令據江蘇省政府呈稱，加倍續擬胡
樸安、陳和銑、孫鴻哲、劉蘆隱、陳立夫、張道藩、馬
寅初、樓桐蓀、戴修駿、劉季平、張相文等十一人為典
試委員，除陳立夫函請辭職及襄校委員員名另行擬送
外，連同履歷請轉呈核派仰核議具覆。經提會討論，僉
以縣長考試暫行條例有效期間現在早經屆滿，該省縣長
考試自未便准予舉行，惟查該省呈請舉行此項考試發動
在今年三月以前，原在該條例有效期內，只以該省政府
改組，一切政務停頓，以致迄未舉行，現在既據該省政
府擬定典試委員名單續請核派，似可量予通融准其舉
行，惟事屬例外，本會未便擅定，擬請轉呈核奪。至該
省縣長考試典試委員，擬俟國府核准後再行擬定，經呈
奉指令照准，旋轉奉國府令准其舉行，又奉訓令仰議定
員名呈送核轉並電達江蘇省政府葉主席查照，囑將襄校
委員加倍擬定連同履歷送會核辦，又經迭電催送，旋准
函送到會。復經開會討論，議決江蘇省縣長考試典試委
員長應由該省政府主席兼任，核定胡樸安、陳和銑、孫
鴻哲、張道藩、馬寅初、戴修駿六人為典試委員，擬定
王用賓、賴璉二人為中央簡派之典試委員，擬定張廷

修、張淵揚、錢家驤、趙蘭坪、狄膺、章桐、武同舉、朱文中、郎醒石、翁有成、陸費執、俞慶棠、茅以昇、錢鎮十四人為襄校委員,經呈請考試院分別核定轉呈簡派奉指令照准,並經電該省典試委員會知照。旋准該會電稱,襄校委員人數不敷分配,再加選林一厂、林文琴、趙恩鉅、胡惠生四員連同履歷請核定二人迅予轉呈核派,經詳加審議,核定林一厂、胡惠生二人為襄校委員。又准該會電稱典試委員張道藩因事不能來省主試,懇就前呈清單內核定一人轉請簡派,經就原清單詳加審核擬定樓桐蓀為典試委員,經呈奉令照准並轉呈經電該會知照。

(四)核准浙江省舉行第三次縣長考試

　　(說明)此案奉考試院訓令,准行政院咨浙江省擬舉行第三屆縣長考試,其中央典試委員應由貴院呈請簡派請查核辦理,仰迅即議定員名呈候核辦。又奉令發浙江省政府擬請派委之典試委員十二人、襄校委員十六人,履歷共二十八份,清摺一扣,仰議復呈核。經會議決,除浙江省縣長考試典試委員長由該省政府主席兼任外,就擬送名單內核定朱家驊、陳布雷、張乃燕、馬寅初、雷嘯岑、郭心崧六人為典試委員,擬定饒炎、黃序鵰為中央簡派之典試委員,擬定許紹棣、許炳堃、鄭天挺、陳鼎亨、馬巽、沈乃正、魏頌唐、朱重光八人為襄校委員,經呈請分別核定轉呈簡派,奉指令照准。又奉訓令據浙江省縣長考試典試委員會呈稱,襄校委員人數不敷分配,擬添聘湯瀛甲等十五人分門擔任,以期周

密，開具名單請備案，仰核議具覆。經會議決，應予照
准，經呈奉指令准予照派。

（五）核定浙江省舉行地方教育行政人員考試

　　（說明）此案奉考試院訓令，據浙江省政府呈據
教育廳呈稱，舉行地方教育行政人員考試，業將日期呈
報在案，擬定考試委員加倍人數開具清單履歷請轉呈核
派等情，檢同原件乞迅予指派到院抄發附件仰迅予議定
員名呈候核轉。經就原呈清單詳加審議，核定郭心崧、
葉溯中、陳去病、趙迺傳、鄭宗海、馮學壹、羅迪先、
趙廷為、孟憲承、張耀翔十人為考試委員，呈奉指令准
予照派。

（六）核准熱河省舉行縣教育局局長考試

　　（說明）此案據熱河省政府主席湯玉麟呈請舉行，
經會核准並電囑將熱河省地方教育行政人員考試暫行章
程第八條第二項之考試委員擬定加倍員名送會，如礙難
擬定，亦希將現經擬定之考試委員員名履歷電復以便呈
院核派。旋奉考試院訓令，該會縣教育局局長考試經轉
奉國府令准予變通辦理，復經錄令函達該省政府查照，
並囑將考試委員迅擬員名繕具履歷送會轉核准，電稱考
試委員擬定省政府第三科科長李浥霖、第二股股長高贊
賡、教育廳祕書宮廷藩、第一科科長王九成、第二科科
長龐秀山、第二科科長邱振中、督學夏循塏、李文典等
在案，礙難再行加倍擬定，除將履歷另文呈送外，請轉
呈分別委任以專責成。經會討論，以該省考試委員前經

電請依照章程加倍擬定員名送會轉核，並同時顧慮該省地方情形與腹地不同，該項考試人員或有礙難加倍擬定之處，茲准電稱前由，自係實在情形，應准免予加倍擬定。其擬請委派之考試委員李浥霖等八員，應呈院核派，俟履歷送會再另呈送。經議決呈奉指令准予照派，並電達該省政府知照，旋准該省政府咨送李浥霖等履歷到會，經呈送考試院備案。

（七）核准舉行法官初試考試

（說明）此案經本會核准，遂擬定司法行政部部長朱履龢為典試委員長，請國府特派擬定司法行政部次長謝瀛洲、考試院參事饒炎、中山大學教授黃季陸、司法行政部民事司司長劉遠駒、司法行政部刑事司司長王准琛、最高法院庭長夏勤、林鼎章、廣東高等法院院長羅文莊等八員為典試委員，請簡派擬定曹受坤、杜之杕、薛祀光、劉鎮中、許澤新、劉鍾英、酆更、朱得霖、胡宏思、沈家彝、洪文瀾等十一員請聘任。經呈請分別施行，奉指令照准並轉奉國府明令照派。

五、調查及統計事項

（說明）查調查各學校畢業人數及學習科目與舉行各種考試均有密切之關係，故製定各種學校畢業生調查表，分送國內各大學校、專門學校、高級中學、職業學校請其分別填明每年畢業人數。又分函各省教育廳，調查各該省之國立、省立、公立及已立案之私立各大學校、專門學校、高級中學、職業學校等名稱及地點。又

製定各學科教授內容調查表，分送各省著名高中以上各學校調查各學科教授內容。又製定留學歐美日本學生調查表，分寄駐外國各公使館調查各國留學生人數及其所習學科。經准先後填送到會，陸續分別登記，以便查考。又以調查所得必有事於統計，故繪製各省高級中學以上各種學校比較圖及設立性質圖，各省國外留學生國別統計圖及科別比較、公私費別統計圖，各省專門以上歷年畢業生科別統計圖、分科統計圖，留學英德日奧各國學生籍貫年齡科別校別費別統計圖，留法學生科別費別性別黨籍年齡籍貫統計圖。又以民國十九年各省呈請核准舉行之各種考試，所有考試及格人員應有統計，以為將來甄用之依據，故分別繪製山東省第一屆縣長考試、浙江省第三屆縣長考試、江西省第一屆縣長考試、綏遠省第一屆縣長考試、江蘇省第二屆縣長考試及格人員年齡籍貫等項分數統計圖。又以實行考試須有各項書表冊籍從事登記，藉謀考試行政之進行，而圖投考人員手續之利便，故製定各種考試投考人員登記表、各種考試投考人員登記冊、各種考試投考人員聲請書、各種考試及格人員履歷成績登記冊、各種考試投考手續表、各種考試准考證、考試出席登記表、各種考試呈驗文件收據單、考試及格證書、保證書、履歷書。又以擬訂各種考試條例必須博採成規，以資參證，故函駐外國各公使徵集各國考試法規及有關考試之書籍，廣為購置，以備儲存。

上列各事項有已經辦理完竣者，有尚在籌畫之中，

有舉其過程而猶未辦理完結者，茲特綜括概要之情形，列為有系統之記載。至於日常庶政承轉例文，毋須瑣陳以省煩贅。惟查訓政時期考試進行方案關於考選部份，民國十九年至二十年所應舉辦者，如初步實施第一項所定，於考選事務所關至鉅，倘立法不良，易生流弊，尤恐無所依據，妨礙進行，故不得不審慎周詳，期於至當，歷時十月，尚未完成，誠未敢草率求全，致滋貽誤，現在所擬各種條例迭經開會逐條討論，行將全部告竣，除已呈轉發交立法院審議，尚未完全通過者外，尚有雖經脫稿提會審查又付修改者，有已完成大部分經過討論審查尚待彙齊呈送以備統籌核定者，綜合上述情形，故第一項所載頒發考選諸法規一事，至今未克實現，以致第二項、第三項及二步實施中第一項、第二項、第四項、第五項各事均有連帶關係，亦因邊難推行，遂致實施有待，尚當繼續努力以促其完成也。

銓敘部

　　依考試院銓敘部組織法所規定，職部係掌理全國文官、法官、外交官其他公務員及考取人員之銓敘事項。其重要職掌，一關於現任公務員及考取人員之登記，二關於公務員資格、成績、任免、升降、轉調、俸給、年金及獎卹之審查，三關於公務員補習教育及公益事項。再查考試院擬訂之訓政時期考試進行方案，其中關於銓敘者正與組織法上所規定互相表裡，職責具在，職部自三月以來之施政亦惟依此進行。綜其經過情形及未來計劃，略可縷述如左。

一、關於現任公務員甄別事項

　　現任公務員甄別審查條例，國府早經頒布，惟條例只示大綱，適用時應行解釋及詳細程序均未明定，職部因擬訂該條例施行細則、現任公務員甄別審查表及證明書格式呈院轉呈國府鑒核。四月國府公布該條例施行細則，職部隨將甄別審查手續積極進行，一面將該條例施行細則及證明書格式分送京內外各機關，一面將現任公務員甄別審查表連同說明書呈送考試院分發中央各院部會及各省市政府，並請轉發所屬各機關限期填送，六月開始甄別，發生疑點固多，或由職部決定，或呈院及轉呈國府核示，其疑點均經解決，遂於六月二十日開始甄別。截至本月底止，職部收到京內外各機關填送現任公務員甄別審查表共三千零八十九份，已經審查者，共一千二百三十二份，內除簡派人員無庸甄別及保留再

審者外，計簡任合格者一百二十一員，薦任合格者一百六十員，不合格者三員，不予甄別者十五員，委任合格者八百五十八員，不合格者三十四員，不予甄別者三十二員，應降級降等者八員。自審查以來已四閱月，僅有此數似不免遲緩之譏，然亦有種種原因，或因來表多填載不明須令補正，或因證件未備須令補送，稽延時日不少。職部因一面分函財政部及各省政府對於送表時應行注意各點藉資補救，一面決定以本年十二月底為年資計算終點，呈考試院鑒核備案，並請轉呈國府通令各機關所屬公務甄別審查表限於本年內一律填送，預料經此敦促，於最短期間內當可告一結束，並預料經此甄別，於各機關用人上亦可稍杜倖進之門。

二、關於現任公務員登記事項

在甄別現任公務員以前，本無所謂登記，職部即於是時擬定登記冊式樣並說明書，所有應具之登記準備，均經次第就緒，六月甄別開始，旋亦實行登記。截至本月底止，計已登記公務員三百六十員，因先行甄別然後登記，故登記自較甄別為緩也。至考取人員登記尚未實行，其登記冊式樣及說明書已從事擬定，並擬俟現任公務員登記完畢及考取人員登記舉辦時，按登記人員之學歷、經歷、年齡、籍貫及黨籍等逐類分編，並將京內外各官缺依其所登記之實況逐類分編製成統計，以為支配人才及調劑人才之張本。

三、關於官俸審查事項

官俸與資格有密切關係，故職部決定俸給審查與甄別審查同時舉行，惟各機關俸給是否依照國府所頒布之俸給條例辦理，抑或另有規定，職部自應先事調查，庶於審查時有所依據。查各機關俸給現甚紛歧，在新官俸法未頒布以前，職部惟有暫定審查辦法如下：

（一）普通一般以十六年十月二十五日國府公布之修正文官俸給表及同年十一月國府批准之各部官等表為根據。

（二）行政院所屬各部會其依照文官俸給暫行條例辦理者，即以該條例為標準。

（三）各機關因有特殊情形自行另有規定者，即依據其所有之規定審查。

當經呈請考試院轉呈國府核准在案，並製定公務員俸給審查表著手審查，照現在審查之結果，內除因經費關係實支俸額間有少於法定俸額者，暫聽其仍舊辦理，其超過法定俸額者，概予駁復外，其餘核與法令規定尚無不合。惟查現行之俸給法令均未完備，遵照辦理實感困難，更有因特殊情形不能適用，不得不依該管上級機關之特別規定者。故欲求全國公務員俸給辦法之統一，非另訂詳密整齊之新官俸法不可。前立法院起草新官俸法時，職部曾具意見書函送參考，一俟該法頒布後，職部即以該法為依據重新整理，務使全國公務員俸給均與新俸給法適合，以資統一而均待遇。

四、關於卹金審查事項

　　按卹金事項向由內政部及司法行政部分別主管，職部既經成立，乃移歸職部辦理。四、五月間接收案卷完竣，職部鑒於今昔情形之不同，曾將原有之官吏卹金條例施行細則、卹金證書事實清冊以及卹金受領人須知酌加修正，同時並製定遺族請卹聲明及卹金審查表等，於七月中呈准備案公布施行。計接受各機關請卹案及內政部、司法行政部未辦移交案共四百三十件，逐次審核，內除核與條例不符礙難照准者三十九名，及呈報尚未核准者三十名外，計前後呈准給予官吏終身卹金者二十六名，官吏一次卹金者二十名，遺族卹金者二百八十八名，遺族一次卹金者五十一名，均經填發卹金證書並均將證書備查函送財政部辦理在案。惟現行官吏卹金條例僅適用於公務員之一部分，若按官等不能認為委任職者，或財政、交通、衛生、建設各方面之特殊機關人員向依特別法令者，非為紛歧，即屬向隅，甚非國家一視同仁之道，且京內外各機關之組織以及薪俸均異常複雜，審查諸多困難，擬俟將來官制官俸等法令確定後，再斟酌情形，對於公務員卹金條例擬具意見呈請修正。

五、關於補習教育及公益事項

　　查公務員補習教育及公益事項均屬創舉，其進行程序亦自較他事為後。自三月迄今，只從事於搜集材料及擬訂辦法。考試院所定之公務員補習教育條例經立法院審查，認為無另定條例之必要，其範圍限於一部分之公務員自動補習，職部擬訂公務員補習辦法大綱，先由

本部試辦，一面仍搜集材料，歐美法令關於公務員補習
教育之材料實少，在中國尚有可資參考者，如前清之課
吏館，民國以來各省法政講習所、行政人員講習所、法
官訓練所、財政講習所、地方人員訓練所、區長訓練
所、現任縣長公安局長訓練章程、縣長考試及格人員學
習規則等規程，莫不盡量搜集以資研究。至公務員公益
事項，其進行程序又在補習教育之後，半年來之工作只
以搜集材料為限，如各機關關於職員運動、娛樂、游
藝、保險、衛生等之設備，均經詳細調查，以便將來擬
訂辦法時有所借鏡。至將來計劃關於補習教育者，擬俟
辦法大綱決定後，先由京內各機關試辦，再定推廣計
劃。又如名人講演、集會、研究、圖書館設備、參觀旅
行等，均與教育有重大之關係，此後擬分別擬訂各機關
講演會規程、研究會規程、圖書館章程以及公務員參觀
團組織通則等，期各機關次第舉行，以收補助之效。關
於公益事項者包含甚夥，略舉之如運動事項之各種球
場、運動場、健身房、國術館，娛樂事項之中西音樂、
各種奕棋、俱樂部，衛生事項之浴室、醫院，合作事項
之各種合作社，保險事項之儲蓄、保險等，以我國現在
之物力恐未能同時舉辦，故先擬制定此項章則，將上列
事項一概包括在內，各事項有可以同時進行者，有須分
別進行者由各機關自行酌定，或可以聯合舉辦者由各機
關共同商定。

　　此外關於考取人員分發者，職部已擬就分發條例草
案，關於公務員考績者，亦已擬定各種考績表及考績法

施行細則草案，對於京內外各機關之現行組織及各公務員家庭狀況則製有各官署現行組織調查表、各級司法官署現行組織調查表及公務員家庭狀況調查表，分發填送從事調查，並根據此調查分別統計，以期對於組織現狀有所明瞭，而為將來整理官制參考之用。

職部自三月以來之工作大概如上所述，此後自應繼續努力，務使訓政時期考試方案之關於銓敘者各項，按期實現，以完成訓政時期之使命。於此猶有言者，考試院所屬機關，一為考選委員會，一為職部，其用意一重在考選，一重在考績，其目的一以考試遴拔人才，一以銓敘澄清吏治。俟實行後，則凡為國服務之公務員在任用之先，須經考試任用，之後復經考績評定等級，分別獎懲。是非學識優良之人不能為公務員，非忠勤奉公克盡厥職之公務員亦不能保持其地位，且有獎勵法俾知所勸，有懲罰法俾知所警，更有年金卹金制度相輔而行，互相為用，足使一般公務員知有保障，安心服務。預料方案一一實現之時，或即我國吏治澄清之日。

監察院報告書

　　本院最初籌備工作情形，曾於十八年二月具報中央政治會議祕書處轉呈第三次全國代表大會在案，嗣後對於各屆執委全會，職院未有續報。而重要籌備工作如擬訂各項法規，經本院設計委員會各委員分任起草，逐時會議，至十八年七月止已大體完成。同年七月三日奉國府訓令，限本院於三個月內成立，時值蔡院長元培因病迭次請辭，至九月間趙院長戴文繼任，仍會同陳副院長果夫積極籌備，期於遵限成立。惟本院職責重在行使彈劾之權，於監察委員人選自應審慎諮求，俾副專職，當以此項委員人選一時未能及額，經呈奉國府令准寬限一月，嗣又轉奉中央執行委員會第六十一次常會決議催促監察院從速籌備，限十九年二月底務須成立等因，當時預計本院於三中全會之前定可報告成立，乃自趙院長啣命北上以後，函電催商，揆度情勢，終以軍事遷延，以至今日。至於院務工作，為職權所限，一切用人行政亦自未能超越於籌備範圍，茲謹啣接於最初籌備工作總報告之後，將本院繼續籌備情形略述如左。

一、組織及職員人數

　　本院自籌備之始，設祕書處辦理日常文件，設設計委員會編訂各種法規，工作無多，故人員極少，嗣因屢圖成立，謀工作之緊張，人員亦逐有增置。計現有職員，除設計委員十人，係向黨政各機關函聘不支薪給外，共為三十二人，謹繪具組織系統簡表如左。

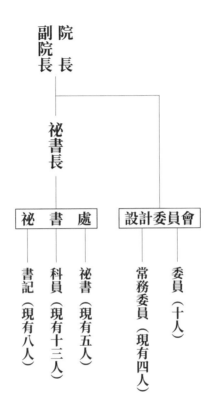

二、籌備會議及設計委員會議

　　設計委員會未成立前，曾開籌備處小組會議三次，該委員會成立後，先後開常會十六次、臨時會議二次，此外並由該委員會常務委員列席立法院之審查會議若干次。自十八年八月十五日該委員會常會議決，以各項法規草案大都業已脫稿，茲後除重要事件隨時召集臨時會議外，其未盡事宜責成常務委員辦理，不復開常會。

三、各項法規草案之擬訂

　　已公布者：

（一）監察院組織法第十三條修正案

（二）審計部組織法

（三）彈劾法

（四）監察委員保障法

　　已擬定未公布者：

（五）審計法

（六）審計處組織條例

（七）審計法施行細則

（八）審計人員懲戒法

（九）審計人員保障法

（十）審計人員懲戒委員會組織條例

（十一）監察使監察條例

（十二）監察使行署組織條例

（十三）監察委員會議規則

（十四）彈劾案審查規則

（十五）監察院監試條例

（十六）監察院驗工條例

（十七）監察院組織法修正案

（十八）彈劾法修正案

（十九）國民政府組織法第四十一條修正案附理由書

四、監察制度之研究

　　本院為研究監察權能起見，現正從事編輯關於監察制度書籍數種，以資參考。茲將編輯大要列左。

第一種

（一） 中國臺諫制度之歷史附古代審計制度

第二種

（二） 各國現行監察制度之比較

（三） 時人研究監察制度之文憲

第三種

（四） 歷代臺諫名人列傳附沿革考及臺諫人名表

第四種

（五） 歷代臺諫文錄

五、計畫之擬訂

　　本院現雖未經成立，不能行使監察職權，然正擬定各種監察計畫，以為將來正式成立後之準備。茲將已擬定及正擬訂者之名目列左。

　　已擬定者：

（一）監察區劃分計畫

（二）監察委員分科計畫

（三）考察司法機關計畫

（四）考察財政機關計畫

　　正擬訂者：

（五）考察交通機關計畫

（六）澄清吏治計畫

（七）監督禁煙計畫

（八）監督編遣計畫

六、調查各機關現行規制

本院為欲明瞭京內外各機關現行法規組織系統及其職員人數是否適合於中央所規定起見，迭經派員分往調查，以供將來實行監察之參考。

七、文牘之處理

本院在籌備期間，印信並未啟用，除特要案件呈由院長蓋用名章辦發外，餘概以祕書處名義行之，可分二種如下。

普通事件

如文書、印信、庶務、會計事項由祕書處分別辦理，其關於法規者間由設計委員會辦理之。

控訴事件

因本院尚未能正式行使彈劾職權，故對於控告官吏案件暫由祕書處依如左之規定簽呈核辦：

（一）認為可接受而審察情況急切者，即據情轉達該管上級機關辦理。

（二）認為可接受而情況非急切者，留待本院正式成立後交監察委員核辦。

（三）認為非本院所接受者，示以應向某某機關呈訴。

（四）認為不必接受者，即予發還或留存備案。

八、舊檔案之整理

本院自設立籌備處以來，先後整理之舊檔案如下：

（一）十八年九月十一日由最高法院林院長翔交來代收關於前監察院案件，計訓令九十九、公函二

十九、代電三、咨文一、條陳一、呈五，共一百三十八件。

（二）國府文官處兩次移交之前監察院在廣州辦公檔案共三十一箱，業經加以整理，計前祕書處卷二十四宗、審計科二百六十二宗、吏治科一百二十六宗、財政科十七宗、訓練科三十八宗。

（三）續向國府文官處接收前監察院在武漢辦公檔案，加以整理，計祕書處卷六十五宗、控訴案卷六宗、審計案卷二十宗。

九、經費

（一）十八年度審定預算，經常費計每月為四萬二千六百七十三元。

（二）十八年度實支經常費，因一切撙節開支，而職員薪水未盡按俸給條例支付，故平均每月為六千二百七十一元。

（三）十九年度預算數及實支數暫依十八年度。

（四）總結自十七年十二月起截至十九年十月，共領經費銀十五萬元，除支尚存約二萬一千元。

　　以上為職院已往之政治工作報告情形，至於將來進行計畫，首要固在剋期成立，實行監察職權，以致力於訓政之軌。然按之現行監察院組織法所規定之監察職權，其範圍似嫌過隘，即猶未能充分表現監察制度獨立之精神，恐於將來職權行使上不無牽掣。關於此點，已由職院擬訂組織法修正案數種，將另文呈請核奪，謹此報告。

民國史料 86

國民政府政治工作總報告書
1930 年中冊

Narionalist Goverment Policy Reports, 1930
Section II

編　　　者　民國歷史文化學社編輯部
總　編　輯　陳新林、呂芳上
執行編輯　林弘毅
排　　　版　溫心忻
助理編輯　汪弘毅

出　　　版　 開源書局出版有限公司

香港金鐘夏愨道 18 號海富中心
1 座 26 樓 06 室
TEL：+852-35860995

民國歷史文化學社 有限公司

10646 台北市大安區羅斯福路三段
37 號 7 樓之 1
TEL：+886-2-2369-6912
FAX：+886-2-2369-6990

初版一刷　2024 年 1 月 31 日
定　　　價　新台幣 420 元
　　　　　　港　幣 115 元
　　　　　　美　元　16 元
I S B N　978-626-7370-55-1
印　　　刷　長達印刷有限公司
台北市西園路二段 50 巷 4 弄 21 號
TEL：+886-2-2304-0488

http://www.rchcs.com.tw

國家圖書館出版品預行編目 (CIP) 資料
國民政府政治工作總報告書 . 1930 年 =
Nationalist Government policy reports. 1930/
陳新林 , 呂芳上總編輯 . -- 初版 . -- 臺北市 : 民國
歷史文化學社有限公司 , 2024.01

　冊 ;　公分 . -- (民國史料 ; 85-87)

ISBN 978-626-7370-54-4　(上冊 : 平裝). --
ISBN 978-626-7370-55-1　(中冊 : 平裝). --
ISBN 978-626-7370-56-8　(下冊 : 平裝)

1.CST: 國民政府

573.55　　　　　　　　　　　113000435